FELIX Neu

Lesen 2

C.C. Buchner

FELIX-Forum

Herausgegeben von
Clement Utz und Andrea Kammerer

Lesen 2 wurde erarbeitet von
Michael Lobe.

Über weiteres fakultatives Begleitmaterial zu FELIX NEU informiert Sie
C.C. Buchners Verlag · Postfach 1269 · D 96003 Bamberg.

BAMBERGER WORTSCHATZ

1. Aufl. 1 ^{321} 2016 14 12
Die letzte Zahl bedeutet das Jahr dieses Drucks.
Alle Drucke dieser Auflage sind, weil untereinander unverändert, nebeneinander benutzbar.

Dieses Werk folgt der reformierten Rechtschreibung und Zeichensetzung. Ausnahmen bilden Texte, bei denen künstlerische, philologische oder lizenzrechtliche Gründe einer Änderung entgegenstehen.

www.ccbuchner.de

Lektorat: Dr. Barbara Szlagor
Layout und Satz: i.motion gmbh, Bamberg
Druck und Bindung: creo Druck & Medienservice GmbH, Bamberg

C.C. Buchner ISBN 978-3-7661-**7578**-6

Lieber Schüler, liebe Schülerin,

Arma virumque cano … „Ich besinge die Waffentaten und einen Helden ..." So beginnt das berühmteste römische Epos, die *Äneis*. In diesem Werk schildert der Dichter Vergil das spannende Leben des trojanischen Helden Äneas, der nach der Flucht aus seiner Heimatstadt viele Abenteuer auf hoher See und in unbekannten Ländern zu bestehen hat, bis er der Gründervater des römischen Volkes wird.
Lass dich in seine Zeit und seine Welt entführen. Du wirst Zeuge spannender Kämpfe mit Ungeheuern verschiedener Art werden, wirst Machtkämpfe unter Göttern und Menschen miterleben, mit Äneas die Geheimnisse der Unterwelt erkunden und auch eine nicht alltägliche Liebesgeschichte kennenlernen.
Die zusammenhängende Geschichte besteht aus 24 Kapiteln, die in Wortschatz und Grammatik genau der Reihenfolge deines Lateinbuchs *Felix neu* folgen. Wenn du die erste Geschichte liest, sind in ihr der Wortschatz und die Grammatik der Lektion 27 und 28 vorausgesetzt – und so weiter. Jede weitere Fortsetzung übt den Wortschatz und Grammatikstoff der entsprechenden Lehrbuchlektion ein, sodass du eine gute und vor allem unterhaltsame Zusatzmöglichkeit zum Üben hast. Zur Überprüfung deines Könnens ist dem Bändchen eine herausnehmbare deutsche Übersetzung beigegeben. Diese solltest du aber erst dann benutzen, wenn du das entsprechende Kapitel tatsächlich gelesen hast.
Das beigefügte Namensverzeichnis mit seinen Erklärungen soll dir helfen, dich im Kreis der vielen Personen dieser Dichtung zurechtzufinden.
Vielleicht noch ein Wort zu den Verwendungsmöglichkeiten dieses Bändchens: Du kannst es in der Schule lesen, es als unterrichtsbegleitende Übungsmöglichkeit zu Hause nutzen oder es nach dem Schuljahr in den Sommerferien in einem Zug zur Wiederholung des gesamten Lateinstoffes durchlesen. So startest du topfit in die nächste Klasse.

Viel Spaß beim Lesen und Lernen!

Inhalt

27 / 28 Die Vorgeschichte des trojanischen Krieges

G u-, e-Deklination, Futur II, Ablativ der Zeit, Plusquamperfekt (Whg.)

Unsere Erzählung beginnt in dem Augenblick, als die Griechen nach zehnjähriger erfolgloser Belagerung dank einer List in Troja eingedrungen sind. Schauplatz ist das Haus des Äneas und seiner Frau Kreusa, vor dem der zwölfjährige Sohn Julus spielt.

Aeneas pater vultu tristi clamavit: „Veni in tectum, Iule! Milites Graeci[1] urbem nostram ceperunt. Per omnes vias Troiae properant. Ego vidi Graecos[2] feros etiam liberos manibus crudelibus interfecisse. Mox aderunt. Nisi eos effugerimus, nos quoque necabunt.

Una spes nobis est: Si Troiam reliquerimus, tuti erimus." Iulus: „Narra, pater, quaeso: Cur Graeci[2] Troiam petiverunt?" Aeneas: „Anchises avus tibi de causa belli narrabit, dum ego comites collegero.

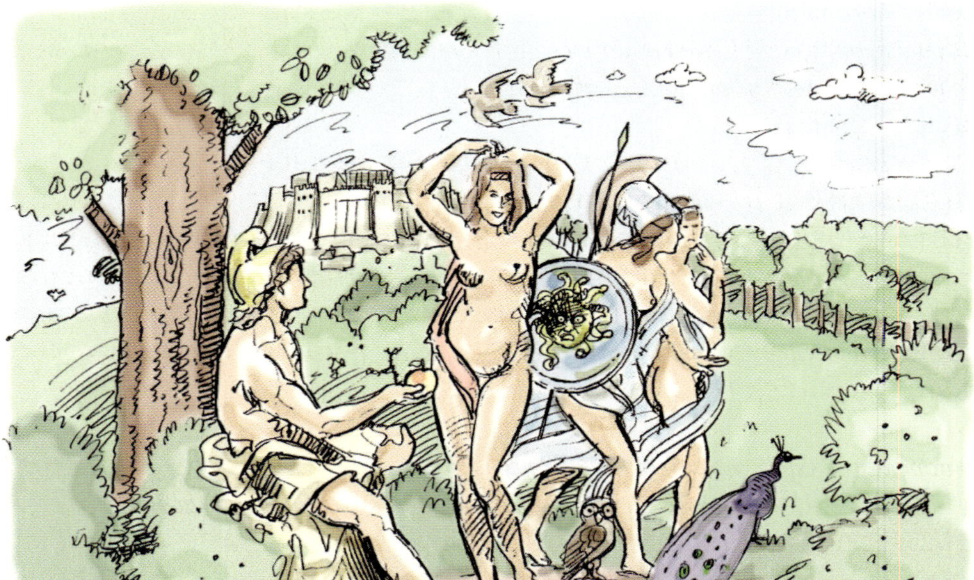

[1] **Graecus, a, um** *griechisch* – [2] **Graeci, ōrum** *die Griechen*

Dum Aeneas cursu celeri in viam properat, Anchises avus: „Audi, puer!", ait, „causa belli erat iniuria, quam Paris[1] Troianus[2] quondam fecit. Quem Menelaus, rex potens Graeciae, ad convivium vocaverat. Constat Paridem ibi primum Helenam, uxorem pulchram Menelai, vidisse. Hospites senserunt flammas amoris iuvenem statim cepisse. Itaque Paris Helenam per mare in Troiam urbem duxit. Menelaus maritus iniuriam non sustinebat. Statim viros nobiles Graeciae collegit, iniuriam iuvenis Troiani[3] narravit, ingenti cum classe ad litora nostra venit. Initio Graeci frustra urbem nostram capere temptabant. Nunc autem magna Troia cecidit. Constat Iunonem deam casu Troiae gaudere: Nam Paris eam quondam violaverat, quia in certamine pulchritudinis[4] neque Iunoni neque Minervae, sed Veneri deae victoriam concesserat. Scimus Iunonem deam ex[5] eo tempore hostem Troiae et Troianorum esse."

29 Die List des Griechen Sinon und das grausige Schicksal Laokoons

G Passiv Präsens

Großvater Anchises erzählt weiter, dass es noch einen Tag zuvor so schien, als seien die Griechen nach zehn Jahren Belagerung abgesegelt ...

„Quam felices fuimus! Portae urbis aperiuntur, undique multitudo hominum ad litora funditur. Ibi conspicimus arma et vestes, quas Graeci reliquerunt, ostendimus locum, ubi classis Graeca fuit. Denique ingens equus ligneus[6] in conspectum venit. Alii equum in urbem duci volunt, alii equum flammis incendi iubent, cum Laocoon[7] magna voce clamat: ‚O vos infelices! Existimatisne donum nobis a Graecis relinqui? Is equus pernicies nostra erit. Nonne Ulixem cognovistis? Timeo dolos Graecorum.'

Schon habe der Priester Laokoon einen Speer ergriffen und auf das Ungetüm geschleudert. Die Waffe sei federnd im Holz stecken geblieben und einen hohl klingenden Nachhall verursacht.

Ecce, subito iuvenis Graecus ad Priamum, regem nostrum, ducitur. Undique a Troianis circumdatur. Priamus ex eo quaerit: ‚Quis es?'

---

[1] **Paris, idis:** *Sohn des trojanischen Königs Priamos und Entführer der Helena* – [2] **Trōiānus, ī** *der Trojaner* – [3] **Trōiānus, a, um** *trojanisch* – [4] **certāmen pulchritūdinis** *Schönheitswettbewerb* – [5] **ex** *hier: seit* – [6] **ligneus, a, um** *aus Holz* [7] **Lāocoōn, ontis:** *trojanischer Priester*

Is respondet: ‚Sinon nominor. Audite miseram fortunam meam! Quia decem annos frustra ante Troiam pugnavimus, decrevimus tandem patriam petere. Sed venti opportuni non fuerunt. Cognovimus caelum diu non mutari. Tum Ulixes crudelis iussit me pro salute communi in ara necari. Deos eo sacro[1] delectari dixit. Statim comites eius me corripuerunt et in vincula dederunt.

Nocte autem me e vinculis liberavi et custodes effugi. Postero die procul vidi a comitibus ingentem equum ad undas maris aedificari. Postquam id munus perfecerunt, litus vestrum navibus reliquerunt. Oro vos: Concedite mihi vitam! Nonne movemini meo casu tristi?‘ Priamus rex respondit: ‚Depone timorem, iuvenis! Non iam necesse est lacrimas fundere. Apud nos tutus es neque necaris. Sed dic: Cur Graeci equum aedificaverunt?‘ Tum Sinon dixit Graecos id munus Minervae deae donavisse.

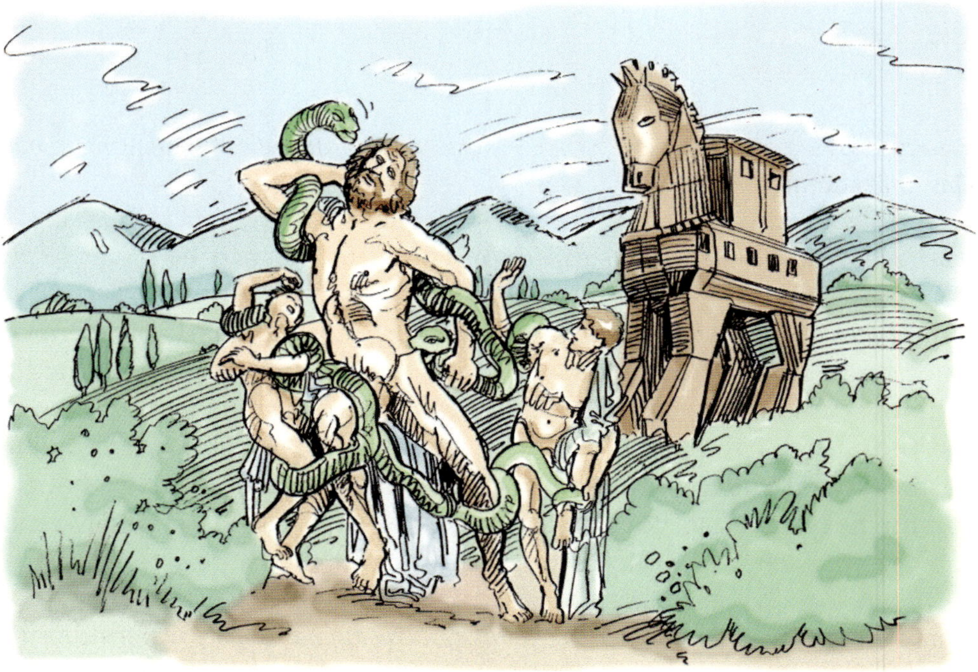

Iuveni aures damus, cum subito magno clamore terremur. Videmus duas ingentes serpentes e mari ad litus pervenire, videmus Laocoontem cum ambobus filiis ab eis capi et crudeli modo interfici. Existimamus deos Laocoontem poena affecisse, quia telo donum Minervae violaverat.

---

[1] **sacrum, ī** *Opfer*

Magno timore sollicitamur, equus statim in urbem ducitur. Hodie scio Graecos in corpore eius fuisse, nocte ex equo descendisse, portas Troiae aperuisse. Nos non virtute, sed dolo Graecorum superamur."

Was bisher geschah ...

Das über die Ägeis gesegelte Heer der Griechen ist bereits in die Stadt Troja eingedrungen. Während Vater Äneas die Flucht aus der eroberten Stadt vorbereitet, erzählt Großvater Anchises dem Iulus, wie es wegen der von Paris geraubten Helena zum Krieg gekommen war und wie die Griechen mit der List des hölzernen Pferdes in die Stadt eindringen konnten.

30 Die Flucht aus Troja und Kreusas Tod

G Passiv (Imperfekt, Futur I)

Anchises beendet seine Erzählung gerade, als Äneas bestürzt über die Vorgänge im eroberten Troja ins Haus stürmt:

Aeneas: „Nuntio vobis res tristes, quibus perterrebar. In urbe tecta, templa, fora ab hostibus incenduntur, statuae deorum violantur, homines interficiuntur. Undique clamores, undique flammae, undique pernicies! Corpora civium in cunctis viis iacent, regia[1] ingenti incendio deletur. Etiam Priamus, rex bonus, manibus hostium occidit. Nos salvi non manebimus, non a morte conservabimur. Aut Graecos effugiemus aut simili modo occidemur." Anchises avus dixit: „Propera cum Creusa uxore et filio ex urbe! Ego senex sum, non iam fortes pedes habeo. Relinquite me, quaeso! In patria de vita decedere volo." – Aeneas: „Numquam sine te discedemus. Umeris meis ex urbe portaberis, pater. Tu, Creusa uxor, Iulum nostrum tecum extra muros educes. Commune periculum nobis erit." Anchises diu dubitabat. Subito autem flammas vidit, quibus caput Iuli circumdabatur. Tum avus laeta voce: „Felix", ait, „omen est: A deis certe conservabimur. Nunc vobiscum veniam, quia dei volunt."

---

[1] rēgia, ae *Königspalast*

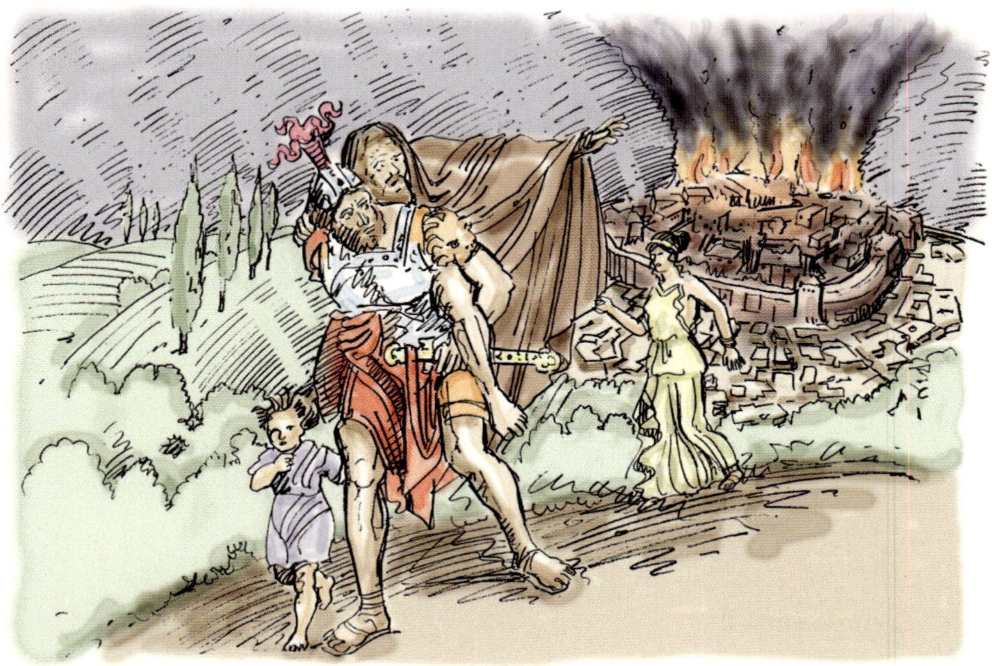

Aeneas Anchisem umeris portabat, dextra manu parvum Iulum secum ducebat. Post eos Creusa uxor tectum relinquebat. In tenebris noctis medias per copias hostium ad eum locum perveniebant, ubi iam diu a comitibus exspectabantur. Tum unus e comitibus Aeneam interrogavit: „Ubi est Creusa?"

Profecto uxor non iam aderat. Primo magnus dolor Aeneam cepit, tum ingens odium[1] eum incendit: „Acri poena afficiemini, hostes crudeles! Patriam meam delevistis, uxorem meam rapuistis. Troiam iterum intrabo, Creusam quaeram. Audite, comites: A nullo prohibebor." Profecto Aeneas per vias Troiae properavit, nomen Creusae clamavit, huc et illuc spectavit, paene animum demisit, cum subito umbra uxoris Aeneae occurrit: „Desine lacrimas fundere, marite bone! Iupiter deus Troiam tecum relinquere mihi non permisit, sed futura tibi ostendere concessit: Per maria vasta navigabis, dum ad Italiam, patriam novam, perveneris. Ibi et regnum et nova uxor tibi dabuntur. Id unum te oro: Cura semper filium nostri amoris causa!" Quibus verbis Creusa Aeneam tristem reliquit. Aeneas frustra eam tangere temptabat, tandem ad filium, patrem, socios properavit.

---

[1] **odium, ī** *Hass*

Was bisher geschah ...

Nach der Flucht aus dem brennenden Troja stellen Äneas und Anchises fest, dass Kreusa zurückgeblieben ist. Äneas kehrt in die Stadt zurück und muss aus dem Munde des Schattenbildes von Kreusa erfahren, dass sie getötet wurde.

31 Schreckliche Vögel und ein verschreckter Grieche

G Passiv (Perfekt, Plusquamperfekt, Futur II)

Im Schutz der Nacht bestiegen Äneas und die Seinen die bereitgestellten Schiffe zur Flucht ...

Aeneas vultu tristi Troiam respexit: „Urbs nostra capta et deleta est. Itaque necesse est patriam relinquere. Navibus nostris Italiam, quam Creusa mihi nominavit, quaeremus." Profecto paulo post patria antiqua a Troianis relicta erat.
Troiani iam multos dies per mare vastum navigaverant, cum in litore insulae pulchrae multos boves viderunt. Postquam eo pervenerunt, nonnulli boves capti et necati sunt. Tum animalia ad cenam parata sunt. Troiani magna cum laetitia in litore sedebant cibisque gaudebant, cum subito ingenti multitudine avium perterriti sunt.

Primo aves in aere pependerunt, tum celeri impetu cibos e manibus Troianorum rapuerunt. Numquam animalia eiusmodi spectata erant: Pennas, alas, corpora avium habebant, sed capita virginum eis erant! Statim Aeneas clamavit: „Corripite arma et vos defendite! Si aves a vobis violatae erunt, nos temptare certe desinent." Profecto aves primo telis Troianorum prohibitae sunt. Brevi autem tempore animalia saeva prohiberi non iam potuerunt. Constat insulam a Troianis relictam esse. Aliter enim nulla salus fuit.

Postquam Troiani Cretam insulam litusque Graeciae petiverunt, ad Siciliam perventum est. In litore quiescebant, cum subito vir e silvis processit et manibus signa dedit. Primo cucurrit, deinde accedere dubitavit. Cognovit enim Troianos sibi occurrisse – et Troiani cognoverunt eum Graecum esse.

Tamen vir accessit. Tum vox misera eius audita est: „Permittite mihi vobiscum navigare et eam insulam turpem effugere, Troiani! Concedo me hostem fuisse, concedo me ante muros Troiae contra vos pugnavisse.

Mittite me in undas maris, si vultis! Nam manibus hominum necari volo, non crudelitate monstri[1]. Scite monstrum saevum hic vitam agere!" Troiani sensum eorum verborum primo non intellexerunt. Itaque viro mentem deesse putaverunt.

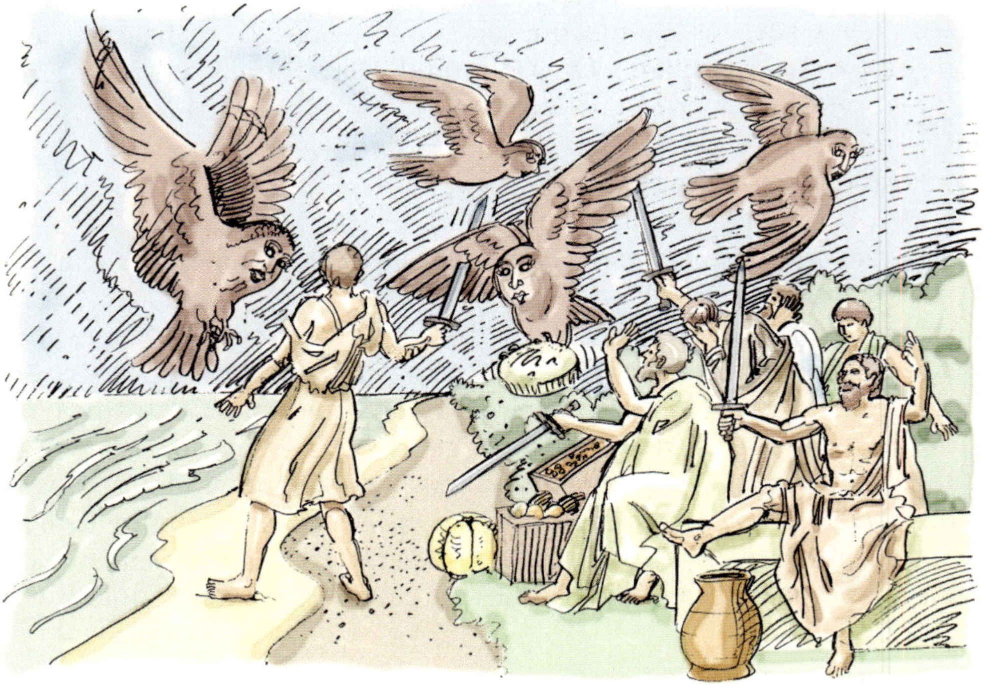

Anchises autem iuvenem vultu familiari interrogavit: „Quis es?" Is respondit: „Sum Achaemenides, comes quondam Ulixis. Post exitum Troiae vento vehementi ad eam insulam iactati sumus[2] et ..." Non iam dicere potuit – tam acerbo dolore motus est.

[1] **mōnstrum, ī** *Ungeheuer* – [2] **iactāre** *schleudern*

32 Die Kyklopen auf Sizilien

G Verben mit unregelmäßiger Perfektbildung

Anchises senex iuveni dextram tetendit: „Sentio te magno malo torqueri. Dic tamen de rebus adversis, quibus opprimeris!“ Iuvenis eis verbis confirmatus est; itaque narrare pergebat: „Quia diu nihil cenaveramus, cibos quaerebamus. Brevi tempore a nobis ampla spelunca[1] inventa est. Intra speluncam varios fructus conspeximus, consedimus, cenavimus.
Subito ingenti clamore perterriti sumus – vastum animal speluncam[1] intravit. Media in fronte unus oculus fuit. Is Polyphemus Cyclops[2] fuit. Ego vidi Polyphemum duos comites magnis manibus corripere, ad saxa pellere, denique devorare[3]. Paulo post iterum duo socii ab eo correpti, in altum[4] sublati, item necati sunt.
Anchises: „Cur eum effugere non temptavistis?“ – Achaemenides: „A Polyphemo ingens saxum ante aditum speluncae[1] volutum erat, quod a nobis moveri non poterat. Sed dolo Ulixis liberati sumus. Is iterum atque iterum Cyclopi[2] vinum dedit. Postquam Polyphemus vinum bonum bibit, somno alto se dedit. Deinde iussu Ulixis ingentem palum[5], quem in spelunca inveneramus, sustulimus et ad Cyclopem movimus. Vehementi impetu oculum ingens exstinximus. Cyclops clamavit velut bos, quem ...“

Plus dicere non poterat – nam omnes perterriti sunt fragore[6] arborum, quas ceteri Cyclopes[2] sub magnis pedibus frangebant. Achaemenides: „St! Fratres Polyphemi sunt. Me quaerunt, brevi tempore aderunt. Effugite ad naves!“ Dum id magno cum metu dicit, e silva ingens Cyclops processit, cui oculus ab Ulixe sublatus erat. Saeva voce clamavit: „Ubi estis? Si dextrā meā correpti eritis, necabimini et cenabimini. Numquam me effugietis.“

Troiani cum viro Graeco ad naves cucurrerunt. Mox e mari ad litus respexerunt. Centum Cyclopes[2] vultibus infestis in litore stare viderunt. Qui ingentia saxa sustulerunt et in naves iactaverunt[7]. Et dextra et sinistra parte navium saxa in undas ceciderunt. Tandem parva classis Aeneae periculum effugit.

---

[1] spēlunca, ae *Höhle* – [2] Cyclōps, ōpis *der Kyklop (ein einäugiger Riese)* – [3] dēvorāre *verschlingen* – [4] in altum *in die Höhe* – [5] pālus, ī *Pfahl* – [6] fragor, ōris *Krachen, Zersplittern* – [7] iactāre *werfen, schleudern*

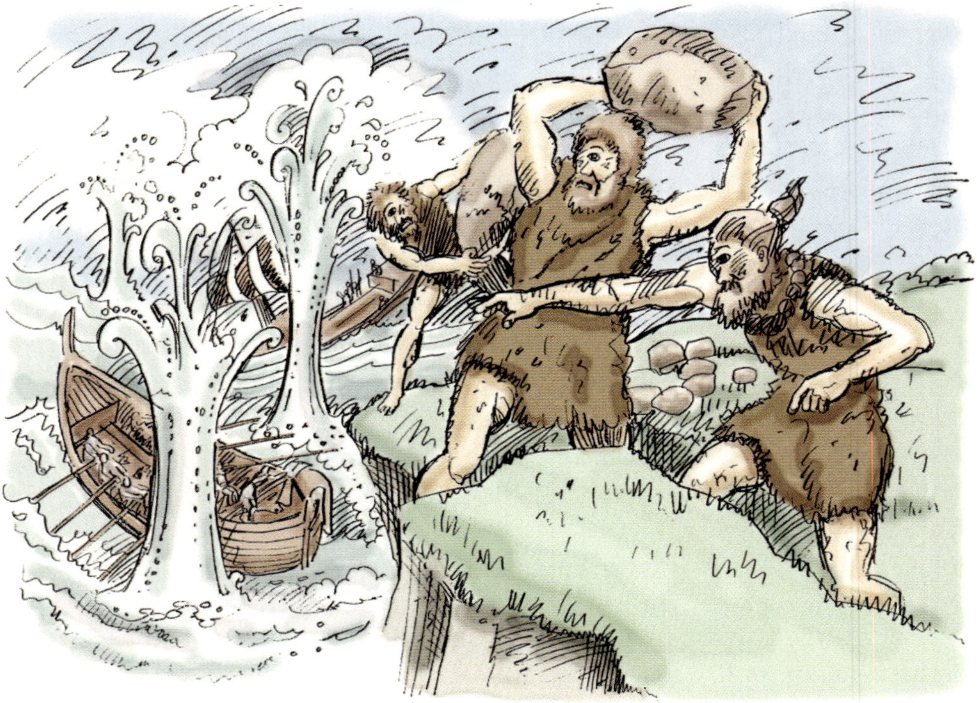

Was bisher geschah ...

Nach der Flucht des Äneas, des Anchises, Iulus und einiger Gefährten von der Küste Trojas verschlägt es die Trojaner auf die Insel Kreta, wo menschengesichtige Raubvögel ihnen das Leben schwermachen. Danach begegnen sie auf der Insel Sizilien dem Griechen Achaemenides, der vor Troja gekämpft hatte und nach seiner Landung mit einigen Landsleuten als einziger den einäugigen Riesen und Menschenfresser Polyphem überlebt hatte. Als sich die Kyklopen, seine Brüder, zeigen, retten die Trojaner den Griechen und fliehen mit ihm über das Meer.

33 Der Seesturm vor Nordafrika

G Partizip Perfekt Passiv

Sed Troianis nullus erat finis laborum. Vix a Cyclopibus conservati erant, cum Anchises senex occidit. Aeneas morte patris commotus multos dies nihil dicebat, nihil cenabat, tristi vultu in nave stabat.

Subito ingens tempestas[1] commota est. Caelum atrum fuit, mare ventis saevis perturbatum est. Nonnullae naves ventis ad acria saxa pelluntur et franguntur: Multi Troiani ingentibus undis correpti in mare volvuntur.

Ut Aeneas classem tempestate[1] laesam vidit, manus ad caelum tetendit magnaque voce clamavit: „O vos felices, quibus dei ante oculos patrum ad moenia Troiae occidere concesserunt! Cur non ante muros urbis iaceo, ubi praeclari milites nostri ceciderunt? Tristi fortuna deceptus vivere non iam volo."

Dum Aeneas pater de salute desperat, Iulus filius sensit causam tempestatis[1] iram Iunonis esse. Profecto Iuno ad Aeolum, dominum ventorum, venerat et voce dulci dixerat: „Aeole, video Troianos mihi infestos cursu tuto per maria navigare. Frange ingentibus undis classem Aeneae, quia pater deorum atque hominum mare vi ventorum perturbare tibi permisit. Si id perfeceris, virginem pulchram tibi dabo." Aeolus magna laetitia captus ventos statim convocavit[2].

Postquam Neptunus sensit mare, regnum suum, ventis nimis perturbari, ingens caput ex undis sustulit et omnem paene classem Aeneae deletam esse vidit. Itaque acri ira adductus clamavit:

„Quiescite, venti stulti! Quando vobis permisi tot undas commovere? Nonne memoria tenetis me regem potentem maris esse? Nemini nisi mihi undae, venti, caelum parent." Ut Neptunus ea verba dixit, venti effugiebant, sol ardebat, maria quiescere incipiebant.

Naves tempestate[1] laesae tamen ad litora Libyae[3] pervenerunt. Ibi Aeneas animum comitum ita confirmavit: „O socii, dei boni certe malis nostris finem dabunt. Per varios casus, per multa pericula in Italiam, patriam novam, perveniemus. Igitur animum demittere necesse non est. Credite mihi: Futura nostra felicia erunt."

---

[1] tempestās, ātis *f* *Sturm* – [2] convocāre *versammeln* – [3] Libya, ae *Nordafrika*

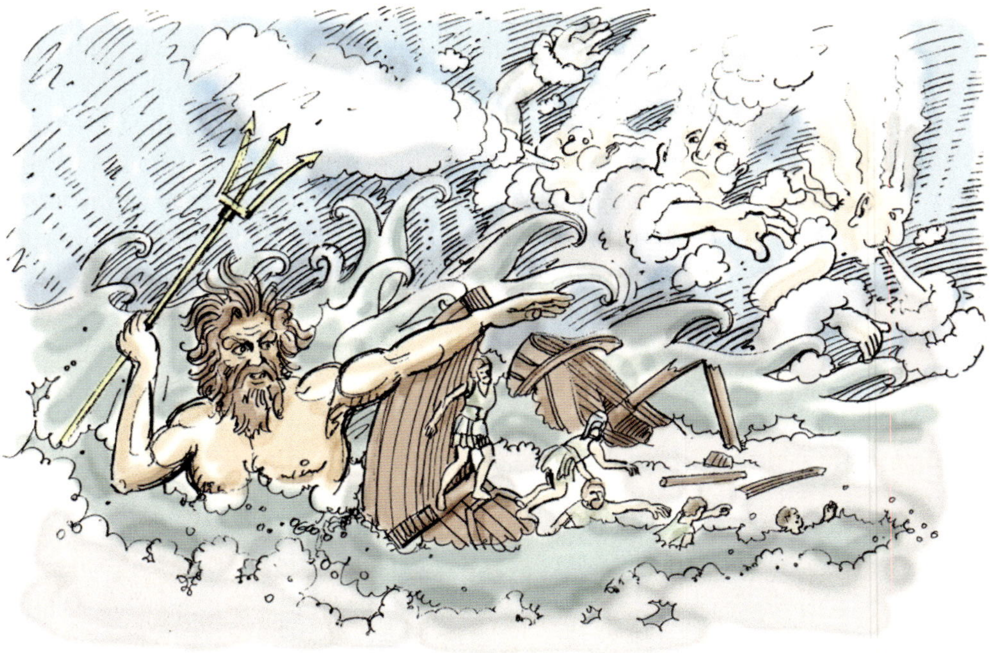

Was bisher geschah ...
Während der Schiffsreise verstirbt unerwartet Vater Anchises, und die Trojaner geraten in einen Seesturm, der sie an die Küste Libyens verschlägt.

34 Venus beklagt sich bei Jupiter über das Schicksal ihres Sohnes

G Partizip Präsens Aktiv

Ihr solltet an dieser Stelle wissen, dass die Göttin Venus die Mutter des Äneas ist. Das macht verständlich, warum sie sich im folgenden Kapitel beim Göttervater Jupiter über die Leiden ihres Sohnes und seiner trojanischen Gefährten beklagt.

Dum Iupiter prima luce ex alto caelo maria vasta, litora longa, populos varios spectat, Venus dea lacrimas fundens accedit:

„O pater, qui solus res hominum deorumque regis, cur Troianos, cur meum Aeneam tibi semper parentem, a patria nova tam diu prohibes? Bene memoria teneo, quae promisisti: ‚Troiani domini orbis terrarum erunt, terra marique cunctis nationibus imperabunt.' Cur fidem non servas, pater, cur preces meas non audis? Post tristem exitum Troiae, post tot casus adversos putavi tandem fortunam felicem Troianos manere. Sed ii fortunam bonam adeo sperantes a te iterum atque iterum neglecti sunt. Haud semper iram Iunonis timere volumus. Turpe est Troianos meos semper in rebus adversis esse. Quando finem laborum dabis, magne rex?"

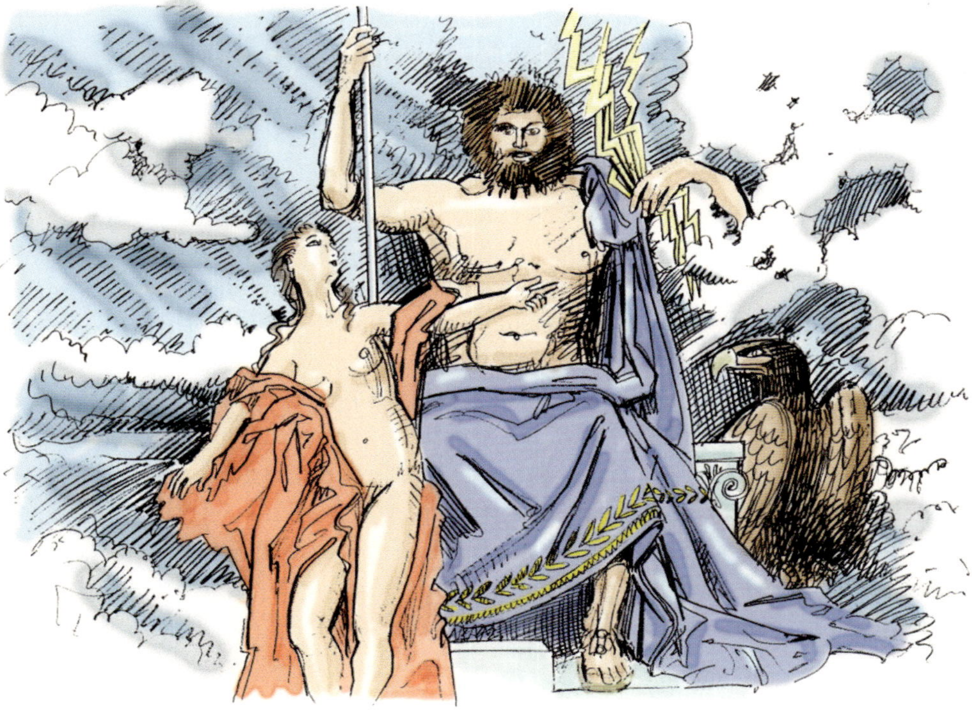

Iupiter primo umerum Veneris tetigit, tum ridens respondit: „Depone timorem, filia! Fortuna tuorum non convertitur. Troiani patriam novam petentes Aeneam urbem condere videbunt. Tu magno cum gaudio videbis eum in caelum tolli. Futura tibi demonstrabo: Aeneas eiusque filius Iulus magni domini urbis potentis erunt, quam homines omnis orbis terrarum Romam nominabunt.

Romanis ego imperium sine fine dedi. Ne Iuno quidem adhuc perniciem Troianorum animo volvens consilio meo resistet, immo mecum populum futurum conservabit. Praeclara tempora tum venient, pax in orbe terrarum erit. Furia[1] belli populos pace gaudentes frustra ad pugnas commovere temptabit."

Venus vultu laeto discessit. Tum Iupiter Mercurium, nuntium deorum, ad se vocavit.

35 Äneas' Wiedersehen mit seiner Mutter und seine erste Begegnung mit Dido

G Doppelter Akkusativ – Genitiv der Beschaffenheit
(Akkusativ der Richtung und Ablativ des Ausgangspunktes im WS)

Jupiter weist den Götterboten Merkur an, die Einwohner Nordafrikas (Punier) gegenüber Äneas und seinen Leuten freundlich zu stimmen. Wenig später landen die Trojaner dort und Äneas erkundet mit seinem Gefährten Achates die Gegend ...

Aeneas et Achates[2] mox in silvam vastam venerunt. Ecce! Subito virgo pulchra, de cuius umero arcus[3] pependit, ante eos stetit. Aeneas interrogavit: „Quis es? Haud tibi est vultus mortalis: Deam te puto. Narra nobis, quaeso: Ubi sumus?" Profecto virgo erat Venus, mater Aeneae. Sed a filio cognosci non cupivit. Igitur dixit: „Gratias ago tibi, quia deam me appellas. Venatrix[4] autem sum – et vos nunc estis in regione Poenorum[5]. Quorum regina Dido[6] est. Quae ante paucos menses (Suet. *Div. Iul.* 81) urbem novam condidit, quam Carthaginem omnes nominant. Sed unde vos venitis? Quo properatis?"

Aeneas tristi voce respondit: „Magnum iter a Troia huc fecimus. Aeneas sum – post perniciem Troiae patriam novam quaerens. Sed iter nostrum ventis vehementibus impeditum est."

[1] furia, ae *böser Geist, Dämon* – [2] Achātēs, is: *treuer Gefährte des Äneas* – [3] arcus, ūs m *Bogen* – [4] vēnātrīx, īcis *Jägerin* – [5] Poenī, ōrum *die Karthager (Punier)* – [6] Dīdō, ōnis: *Königin von Karthago*

Venus mater dolore commota tamen non ostendit se tristem esse: „Currite cursu celeri ad Didonem reginam! Carthagine comites tempestate[1] amissos reperietis." Ut virgo se vertit, Aeneas eam matrem esse cognovit. Ex ea quaesivit: „Cur me adeo decipis? Te semper matrem bonam duxi. Cur te tangere non debeo?" Sed Venus iam e conspectu discesserat. Paulo post Aeneas et Achates e monte alto Carthaginem urbem videbant. Ibi agmina virorum multis locis munitiones et moenia collocabant.

Brevi tempore Aeneas et Achates in urbem descenderant. Profecto ibi, ut Venus mater dixerat, comites tempestate[1] amissos conspexerunt. Unus ex eis, Ilioneus senex, Didonem oravit: „Audi, regina! Troiani miseri sumus, qui iter multorum annorum per mare suscepimus. Imperator nobis erat Aeneas, vir magnae virtutis – sed vi ventorum raptus est. Oro te: Veni auxilio nobis navibusque tempestate laesis!"

Aeneas reginam respondere audivit: „Salvete, Troiani fortes! De tristi exitu Troiae et de Aenea, imperatore praeclarae virtutis, iam audivi.
Nonne in urbe mea considere vultis? Vos cives in communi civitate appellabimini, ego vos socios faciam. Si Aeneas huc pervenerit, publicos honores ei praebebo."

Quibus verbis Aeneas confirmatus subito se ostendit: „Adsum, quem quaeritis, Aeneas Troianus, e mari saevo servatus. Dei te magnis praemiis afficient, Dido, quia non dubitavisti comitibus meis auxilio venire. Per omnia saecula nomen tuum toto orbe terrarum manebit."

Dido amore commota respondit: „Esne Aeneas, quem Venus dea peperit, quem comites fortem dicunt ? Nonne patriam novam quaeris ? Mecum rem publicam communem condes, si vis. Accede et intra tecta nostra! Convivium praeclarum tibi et tuis parabo."

Was bisher geschah ...

An der Küste Libyens erkundet Äneas mit seinem Freund Achates die Gegend und trifft im Wald auf eine Jägerin, die sich als seine Mutter Venus erweist. Wenig später gelangen sie nach Karthago, wo Königin Dido im Sturm verlorengeglaubte Trojaner freundlich empfängt, auch den Äneas, dem sie eine Mitherrschaft in ihrer neugegründeten Stadt anbietet.

---

[1] **tempestās, ātis** *f Sturm, Unwetter*

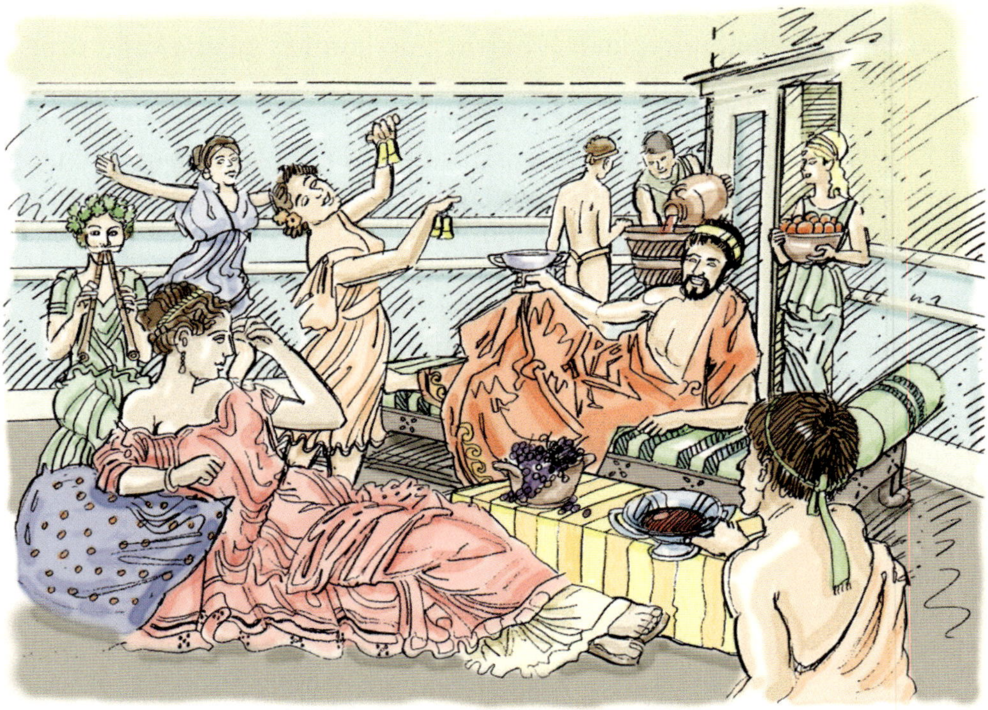

36 Dido und Äneas – Liebe und Abschied

G Partizip als Adverbiale

Beim nächtlichen Gastmahl im Palast kann Dido nicht genug von den Abenteuergeschichten des Äneas hören, in den sie sich mehr und mehr verliebt ...

Postero die clarum lumen solis iam in caelo stetit, cum Dido ad sororem dixit: „Anna soror, curis variis perturbata somnum capere non poteram. Quam fortes umeros hospes novus habet! Quot fabulas grandes narravit! Tot periculis perterritus tamen animum nullo modo demisit. Tibi concedo me post mortem mariti iterum amore correptam esse.“ Subito magno dolore commota lacrimas fudit. Sed Anna verbis dulcibus animum Didonis confirmavit: „Nemo te novo amore captam reprehendet.

Equidem gaudeo te Aeneam, virum et fortem et clarum, amare. Cui si nupseris, tutae erimus ab imperatoribus potentibus Libyae, qui undique nos circumdant."

Infelix Dido multos dies nihil iam cenat, non iam quiescit. Iterum atque iterum Aeneam convenire vult. Urbem tot laboribus conditam non iam curat: Templa non perficiuntur, turres non iam collocantur, moenia a viris relicta iacent.

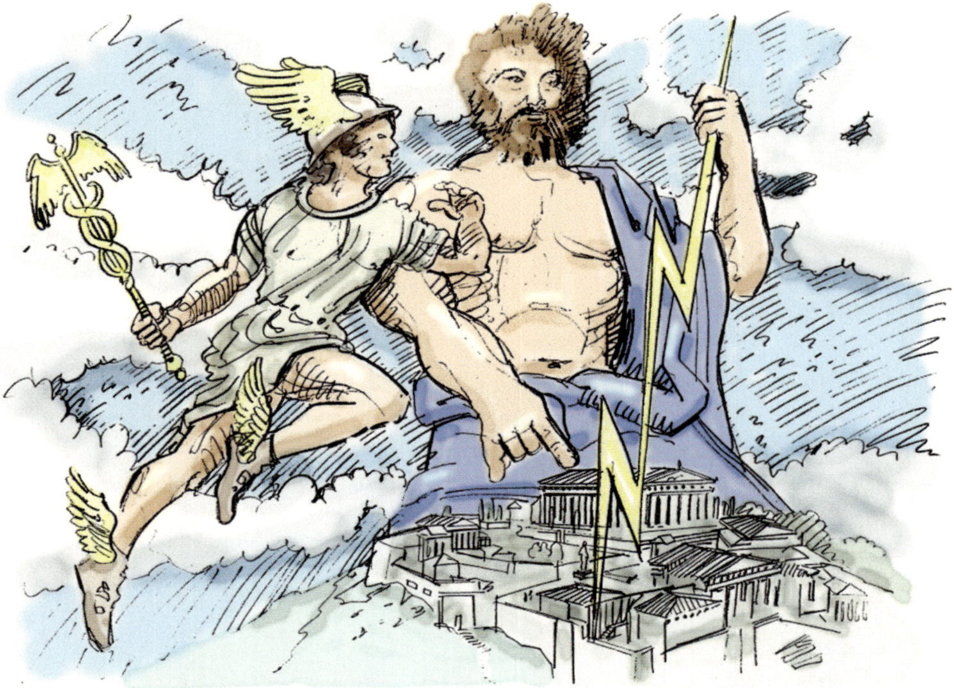

Etiam Aeneas amore reginae captus non iam Italiam memoria tenet. Falso putat se Carthagine patriam novam invenisse. Otio iucundo se dans nihil iam curat. Per cunctas regiones Libyae nuntiatur pulchram reginam Aeneae Troiano nupsisse et ambo turpi amore captos salutem civium neglegere.

Iarbas, unus e regibus Libyae, praeclaram aedem ad honorem Iovis aedificaverat.

Postquam audivit Didonem alteri viro nupsisse, ira commotus in templum Iovis cucurrit et aram tenens dixit: „Iupiter potens, nonne iniuriam aspicis? Ego Didoni, quae nuper e patria sua veniens nostram regionem petivit, latos agros dedi. Non solum me neglegit, sed etiam cum domino novo regnum dividit. Dido Aeneam Troianum amat, quem virum verum non duco. Cur me non iuvas? An frustra tibi more antiquo pecora pulchra praebui?“

Postquam Iupiter id audivit, statim Mercurium[1] vocavit: „Vola alis celeribus ad Aeneam, qui Carthagine quiescens Italiam, patriam novam, non iam curat. Nuntia ei imperium meum: Statim cum comitibus in Italiam pergere et reginam relinquere debet“ Paulo post nuntius deorum Aeneam media in urbe muros aedificantem vidit: „Tune“, ait, „nunc muros altos Carthaginis collocas? Nonne tibi in mentem venit Italia, patria nova? Rex deorum me huc demisit. Iupiter te interrogat: Quid agis? Cur tam diu in Libya manes? Respice Iulum filium, cui regnum Italiae debetur[2]!“ Post ea verba Mercurius discessit.

Was bisher geschah ...

Nach der Ankunft der Trojaner in Karthago verlieben sich deren Anführer Äneas und die Königin Dido ineinander – argwöhnisch beäugt vom eifersüchtigen afrikanischen König Jarbas, der sich bei Göttervater Jupiter darüber beklagt. Jupiter schickt den Götterboten Merkur zu Äneas herab, um ihn an seine Pflicht zu erinnern, nämlich in Italien ein neues Troja zu gründen.

37 Das tragische Ende der Dido

G Demonstrativpronomina *hic* und *ille*

Der unglückliche Äneas ringt nach der Begegnung mit dem Götterboten lange mit sich, entscheidet sich aber dafür, Jupiter zu gehorchen und die geliebte Dido und Karthago heimlich zu verlassen ...

Regina autem dolum Aeneae sensit. Quis enim feminam amantem decipere potest? Illa magno dolore perturbata Aeneam convenit infestaque voce ex eo quaesivit:

---

[1] Mercurius, ī *Merkur* – [2] dēbēre *hier: schulden*

„Num speravisti, scelerate, te tale scelus committere et occulte de terra mea decedere posse? Nonne te amor noster retinet? Mene effugis? Oro te: Mane! Hospitem, non iam maritum te appellabo. Reges potentes Libyae oculos infestos hunc in locum convertunt. Visne Iarbam regem Carthaginem capere et me rapere?"

Aeneas his verbis acerbis commotus tamen haec dixit: „Numquam te decipere volui, regina, numquam me maritum tuum putavi. Mercurius a Iove missus mihi imperia dedit. His auribus eius vocem audivi. Iulo, filio meo, illam novam patriam debeo[1]. Desine me criminibus torquere: Haud libenter te relinquam."

Dido illum talia verba dicentem diu spectabat, tum ira acri commota clamavit: „Neque Venus dea neque Anchises pater, sed animalia saeva inter dura saxa te pepererunt. Num his lacrimis meis commotus es? Num lacrimas fudisti? Fidem certe violavisti: Ego te tuosque patria pulsos perque maria iactatos a morte servavi. Et nunc dicis te iussu deorum Carthaginem relinquere debere? Num dei sic ius dicunt? Te tenere non possum. Discede, quaere per undas nova regna! Sed classem tuam iterum laedi teque frustra nomen auxiliumque Didonis vocare cupio. In culpa es, in ius vocaberis, poena afficieris. Tu enim auctor mortis meae es!"

Ille magno dolore captus diu dubitabat, tandem classem parari iubebat. Dido interea hoc consilium saevum ceperat: „Mors dulcis, libera me hoc dolore crudeli! Vixi, et illum cursum vitae, quem dederat fortuna, perfeci: Urbem praeclaram condidi, mea moenia vidi. Nimis felix eram, dum Aeneas ad mea litora venit."

Vix haec verba dixerat, cum gladio se interfecit. Anna soror flens et pectus pellens clamavit: „Exstinxisti te meque, soror, populumque urbemque tuam." Tum super corpus reginae concidit[2].

Was bisher geschah ...

Auf das Geheiß des Götterboten Merkur reist Äneas von Karthago ab, ohne sich von den Worten der in ihrer Liebe enttäuschten Dido abhalten zu lassen. Daraufhin begeht die Königin Selbstmord.

---

[1] dēbēre *hier: schulden* – [2] concidere, concidō, concidī *zusammenbrechen*

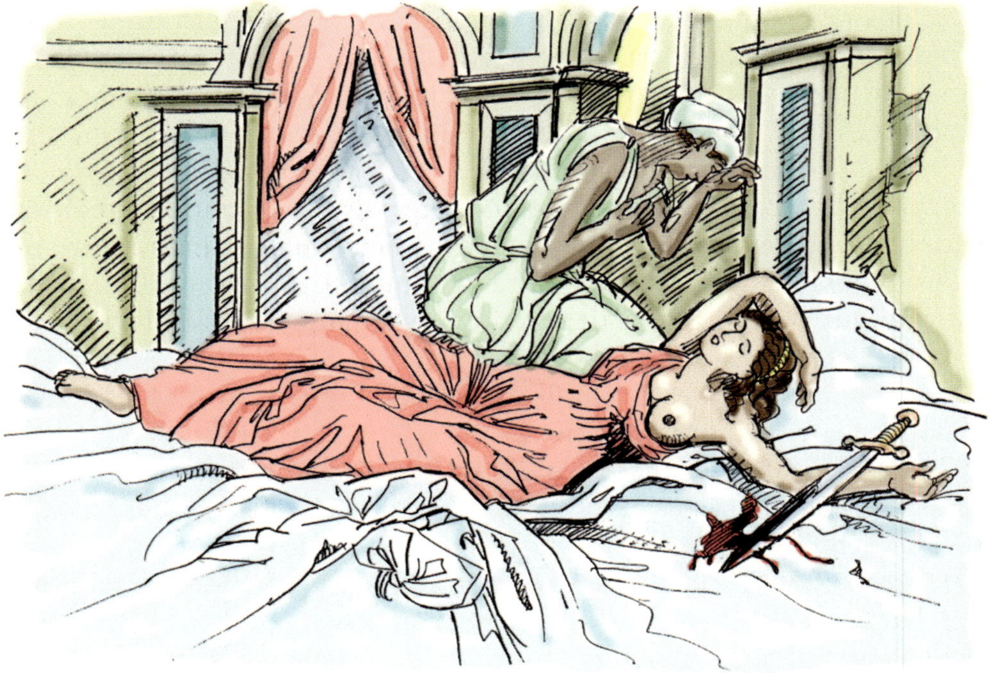

38 a) Die Wettkämpfe zu Ehren des Anchises auf Sizilien

G Genitiv des Wertes

Noch lange blickt Äneas von hoher See auf das immer kleiner werdende Karthago zurück und denkt an das traurige Schicksal Didos. Als seine kleine Flotte auf Sizilien landet, beschließt er, zu Ehren seines vor einem Jahr verstorbenen Vaters Wettkämpfe zu veranstalten.

Aeneas ad socios in litore coactos haec dixit: „Scio vos omnes patrem mortuum magni aestimavisse. Itaque certamina[1] patris sacra faciemus."

Tum ad locum accessit, ubi corpus parentis terra conditum erat: „Salve, umbra patris! Non tibi licuit mecum patriam novam quaerere. Sed semper mihi magni eris. Ludi publici honorem tuum augebunt."

---

[1] **certāmen, inis** *n Wettkampf*

Tandem dies ludorum aderat. Et Siculi et Troiani magno cum gaudio ludos varios spectabant. Iam tria certamina[1] perfecta erant, cum Aeneas rex his verbis quartum certamen indicavit:

„Tacete, quaeso, et videte hunc bovem mirum! Quem is accipiet, qui alium virum fortem manibus vicerit." Troiani magno cum clamore Darem, iuvenem fortem, poposcerunt. Ille statim umeros latos demonstravit. Tum superba voce clamavit: „Quis mecum pugnare vult?" Nemo e magna multitudine contra iuvenem pugnare voluit. Tum Siculi Entellum senem his verbis ad pugnam commovere temptaverunt: „Audi, Entelle, vir fortis et a nobis magni factus: Num huic iuveni superbo cedere vis?

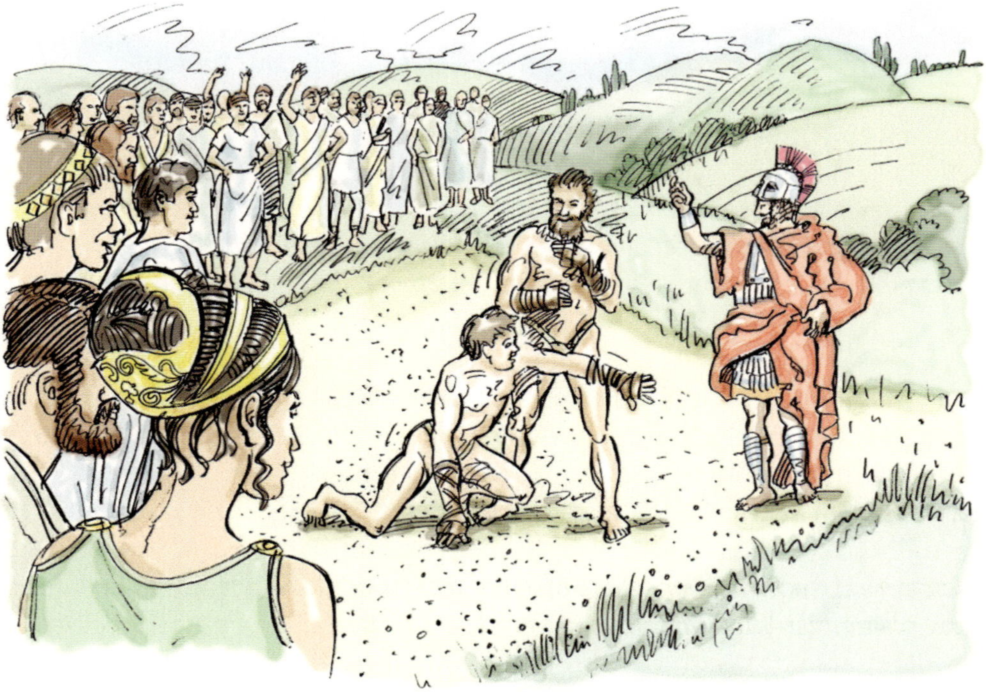

Excipietne ille sine pugna hoc praemium pulchrum? Num vim tuam tam parvi putas? Ubi est tua virtus?" Entellus respondit: „Non iam haec vis mihi est, quae quondam fuit. Virtus autem mihi non deest. Igitur pugnabo." Ut Aeneas signum dedit, Dares manibus duris umeros et pectus Entelli pepulit. Quamquam seni et vis et spiritus mox defuerunt, pugnare non desinebat.

---

[1] **certāmen, inis** *n Wettkampf*

Subito autem in terram cecidit. Statim surrexit[1] et ira incensus Darem mox dextra, mox sinistra pepulit. Adulescens mira vi senis perturbatus se defendere non iam potuit. Ut Aeneas iuvenem variis vulneribus violatum vidit, finem pugnae posuit praemiumque Entello praebuit.

Was bisher geschah ...

Nach dem Absegeln von Karthago und der afrikanischen Küste machen die Trojaner auf Sizilien Halt, um den Jahrestag des Todes von Anchises mit Sportwettkämpfen feierlich zu begehen. Dabei besiegt der alte Sizilier Entellus den jungen Trojaner Dares im Boxen.

38 b) Der Brand der trojanischen Schiffe

G Verben mit abweichender und unterschiedlicher Kasusrektion

Während sich die Männer an den Wettkämpfen erfreuen, blicken die trojanischen Frauen an der Küste missmutig auf das Meer hinaus. Sie haben genug von den dauernden Irrfahrten. Juno nutzt die günstige Gelegenheit und schickt die Götterbotin Iris in Gestalt einer Trojanerin zu ihnen ...

Iris[2] feminis ad crimen persuadere temptat: „O nos miseras, iure[3] iram non iam retinemus. Nam diu per vastum mare navigavimus et patriam novam frustra quaesivimus. Longos per annos otio caremus. Quis salutem nostram curat? In Sicilia tuti tandem sumus, hic Acestes[4] nobis bene consulet. Quid nos prohibet hac in insula urbem condere et hic manere? Incendite mecum naves, causas malorum nostrorum! Sic pericula maris effugiemus.“ Statim feminae totam classem incenderant.

Troiani procul classem ardere videntes cursu celeri ad litus cucurrerunt. Frustra ingens incendium exstinguere temptaverunt.
Tum Aeneas manus ad caelum tendens auxilium petivit: „Iupiter potens, si gentem Troianorum curas, prohibe flammas a navibus et serva spem unam nostram!“

---

[1] surgere, surgō, surrēxī *aufstehen, aufrichten* – [2] Īris, idis *f die Göttin Iris* – [3] iūre *zu Recht* – [4] Acestēs, ae: *trojanischer Flüchtling, der auf Sizilien die Stadt Segesta (Acesta) gründet*

Vix haec dixerat, cum de caelo ingentes aquae missae sunt. Tamen nonnullae naves restitui non iam poterant. Nautes comes sensit Aeneam consilio carere. Itaque animum eius sic confirmabat: „Consule Acestem[1], hospitem familiarem! Persuade ei urbem novam condere, cui praeerit! Acestes certe senes matresque mare metuentes in illa urbe excipiet. Hanc urbem posteri Acestam appellabunt."

Ea nocte Anchises pater Aeneae quiescenti occurrit: „Fili, iussu Iovis huc venio. Collige iuvenes fortes cumque eis perge in Italiam! Ibi primum descende ad inferos[2]! Illic te exspectabo et tibi futura aperiam. Vale!" Postero die Aeneas comitibus imperia Iovis et verba parentis aperuit. Consilia cunctis placuerunt. Dum alii moenia urbis futurae aedificant, alii naves parabant. Tandem dies aderat, cum discedere necesse erat. Multi homines in litore stabant, lacrimis non temperabant, classem a Sicilia cedentem diu spectabant.

Was bisher geschah ...

Als die Trojaner von Sizilien abreisen wollen, setzen die trojanischen Frauen heimlich einen Großteil der Schiffe in Brand, weil sie der Meerfahrten überdrüssig sind. Sie dürfen in der neugegründeten trojanischen Siedlung Acesta auf Sizilien zurückbleiben, während Äneas mit Sohn Julus und Gefährten wieder in See sticht.

39 Äneas trifft in der Unterwelt auf Dido

G *ire* mit Komposita

Nach einigen Tagen Seefahrt landen Äneas und die Seinen bei Cumae an der Westküste Italiens. Im dortigen Apollontempel sucht Äneas die Seherin Sibylle auf, die ihn in die Unterwelt begleiten soll. Nachdem Äneas auf ihre Anweisung hin einen goldenen Zauberzweig gefunden und ihr übergeben hat, steigen beide beim Avernersee in das Reich der Schatten hinab ...

Tacentes per regna mortuorum ibant. Subito Aeneas simulacris miris perturbatus est. Timore affectus telum corripuit et paene proelium iniit. Brevi tempore ad undas Stygis[3] pervenerunt. Ibi ingens numerus umbrarum in ripa[4] stetit. Quae manus ad senem tetenderunt, qui parvam navem per undas rexit.

---

[1] **Acestēs, ae:** *trojanischer Flüchtling, der auf Sizilien die Stadt Segesta (Acesta) gründet* – [2] **īnferī, ōrum** *Pl die Unterirdischen, Unterwelt* – [3] **Styx, gis** *f der Styx* – [4] **rīpa, ae** *Ufer*

Aeneas e Sibylla quaesivit: „Quis ille est, quem umbrae mortuorum sic desiderant?“ – „Ille senex Charon appellatur. Is felices, qui post mortem in terra conditi sunt, ad ripam alteram portat. Infelices autem centum annos in ripa manere debent. Post illud tempus tandem Stygem transibunt.“

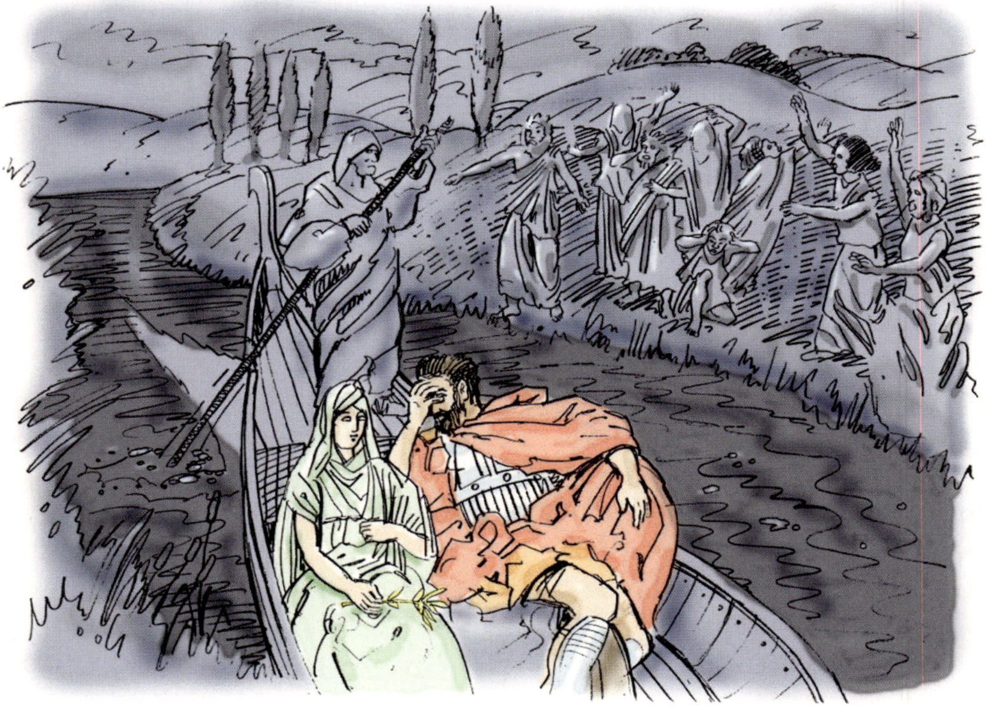

Ut Charon sensit homines viventes se adisse, inimica voce clamavit: „Quid vultis? Hic locus est umbrarum! Redite eo, unde venistis! Dei mihi non permiserunt mortales per undas Stygis[1] portare.“ Tum Sibylla seni ramum aureum[2] ostendit, quem sub veste texerat. Statim Charon cessit, Aeneas et Sibylla navem inierunt.

Paulo post in ripa[3] altera steterunt et ire perrexerunt. Erant in regione eorum, qui consilium triste inierant manu sua perire.

Umbrae infelicium per atram silvam ibant. Inter eas etiam Dido infelix erat. Ut Aeneas eam per tenebras cognovit, lacrimas fudit et dulci amore commotus dixit: „Infelix Dido, tristis sum, quod te tua manu occisam esse scio.

---

[1] Styx, gis *f* *der Styx* – [2] rāmus aureus *goldener Zweig* – [3] rīpa, ae *Ufer*

Egone tibi causa mortis fui? Crede mihi, iussu deorum tuo de litore cessi. Nunc imperia deorum me per has regiones ire cogunt. Numquam putavi me tibi tam ingentem dolorem parare posse. Mane, quaeso! Cur me fugis?“

Dido hac oratione nullo modo commota est. Vultus eius tam durus manebat quam saxum acre. Cursu celeri in silvam abiit, ubi Sychaeus maritus uxorem excepit. Aeneas tristis diu reginam abeuntem respexit.

40 Die Römerschau – Anchises zeigt Äneas die Größe seiner Nachfahren

G Pronomina *ipse* und *idem* – Pronomina als Pro-Formen

Äneas und Sibylle hören aus der Ferne die Schreie der Verbrecher, die im Tartarus Höllenqualen erleiden. Nach einiger Zeit gelangen sie ins Elysium, wo sich diejenigen befinden, die rechtschaffen gelebt haben.

Aeneas inter umbras felices subito Anchisem aspexit et magna voce clamavit: „Salve, pater! Quia ipse mihi in somno occurristi, huc veni. Da mihi dextram, quaeso!“ Sed umbra vento similis manum Aeneae effugit.

Denique Anchises dixit: „Gaudeo, quod tandem ad me venisti, fili. Scio te per maria iactatum et maxima inopia oppressum esse. Mox autem vita tua tuorumque felix erit. Nunc tibi saecula futura demonstrabo. Videsne ibi longum agmen virorum? Hi sunt posteri tui, qui gloriam gentis nostrae ad caelum tollent.

Ecce! Adulescens, quem medio in agmine cognoscis, filius tuus est. Idem Albam Longam urbem aedificabit. Eius posteri gloriam nominis tui augebunt.

Ecce nunc Romulum ipsum, virum magnae virtutis! Huic denique Romam condere licebit. Eadem urbs caput orbis terrarum erit. Romani, posteri tui, non solum omnibus populis imperabunt, sed etiam ius et morem orbi terrarum dabunt.

Nam vos, Romani, hostibus oppressis parcetis[1] et superbos superabitis. Fortuna ipsa vobis semper aderit.

Ecce proximos viros, qui in urbe Roma reges erunt. Perspice Brutum post eos euntem, qui insidiis Tarquinii Superbi regis finem parabit remque publicam liberam reddet. Nunc oculos tuos huc converte, hanc aspice gentem Romanosque nobiles, qui magna cum diligentia urbem e periculis variis servabunt.

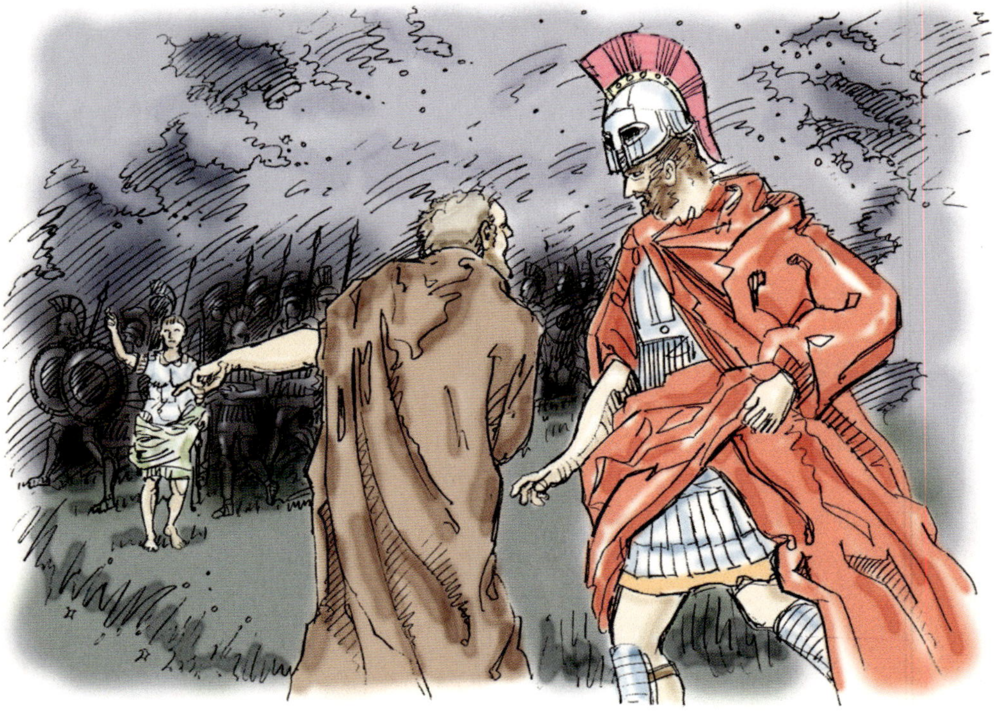

Ecce! Tandem Caesar Augustus adest. Hic vir, is est, cuius res gestas cuncta saecula futura laudabunt. Idem fines imperii augebit et pacem orbi terrarum dabit. Sed tu ipse, Aenea fili, bella crudelia in Italia geres multosque labores subibis, dum gentem duram viceris et eandem cum Troianis in populum communem coegeris. Id ipsum semper memoria tene: Fortuna fortes iuvat. Vale!“ His verbis Anchises finem orationis fecit et filium animo confirmatum reliquit.

---

[1] **parcere** *m. Dat. hier: verschonen*

Was bisher geschah ...

Äneas landet mit den Seinen in der unteritalischen Stadt Cumae und steigt dort mit der Seherin Sibylle ins Reich der Toten hinab, wo er Dido und seinem Vater Anchises begegnet, der ihm die vorbeiziehenden Helden zeigt, die künftig an die Oberwelt gelangen werden und die große Bedeutung der von Äneas zu gründenden Herrschaft garantieren.

11 Die Landung des Äneas in Latium und Kriegsbeginn

G *nolle* und *malle* – *noli(te)*

Nach der Rückkehr aus der Unterwelt segelt Äneas mit seinen Leuten an der Westküste Italiens entlang bis zur Mündung des Flusses Tiber. Über das dortige Gebiet Latium herrscht König Latinus, dessen Frau Amata dem Turnus, einem jungen Fürsten des Nachbarstammes, die gemeinsame Tochter Lavinia zur Frau geben will. König Latinus aber ist gegen diese Verbindung, da ihm ein göttliches Orakel geraten hat, seine Tochter an einen aus der Ferne kommenden Mann zu verheiraten. Äneas schickt Boten zu König Latinus, die ihm vorschlagen, die Völker der Trojaner und Latiner zu einem Volk zu vereinigen ...

Latinus rex vultu laeto haec dixit: „Arcessite Aeneam, nuntii, si socii appellari cupitis! Fides inter populos nostros erit, si dextram Aeneae tetigero. Nolite dubitare huic ea nuntiare: Filiam meam iussu dei huic viro dabo, qui ex alia parte orbis terrarum ad nos venit. Existimo Aeneam ipsum hunc maritum a deo missum esse.“

Iuno haec omnia alto de caelo conspexit. Dum Aeneam salvum esse navesque tutas in litore Italiae stare vidit, odio commota clamavit: „O Troiani, ne maximis quidem calamitatibus peristis. Ego, magna Iovis coniunx, frustra mare, ventos, caelum contra vos commovi. Tamen per maria huc traducti estis. Nunc in Italia imperium novum condere vultis. Noli nimis gaudere, Aeneas! Nisi licuit vos ab Italia prohibere, mihi tamen licebit hostes novos vobis parare. Allecto furia[1] mihi aderit.“

Iuno hanc deam saevam his verbis arcessivit: „Veni auxilio, filia noctis! Nam mille doli, mille artes malae tibi sunt. Perturba pacem inter Troianos et Latinos[2] nuper factam et para bellum novum! Noli cessare!“

---

[1] **furia, ae** *Furie, Rachegöttin* – [2] **Latīni, ōrum:** *die Einwohner von Latium*

Allecto alis celeribus statim Ardeam[1] volavit. Media nocte Turnum hac voce e somno excitavit: „Turne, num Aeneam Troianum Laviniam tuam rapere sinis? Repete eam vi et indica bellum Troianis! An Laviniam amittere et rideri mavis?“ His verbis commotus Turnus statim arma parari iussit.

Mos erat tempore belli portas templi Martis aperire. Igitur Turnus magnum exercitum ad Latinum regem duxit vultuque severo haec poposcit: „Aperi portas templi, Latine rex, et hoc signo indica bellum Troianis!“ Quamquam ingens fuit et exercitus et ira Turni, tamen animus regis conversus non est. Portas ne tetigit quidem, tacens in tectum abiit.

Tum Iuno ipsa de alto caelo volavit et vi vehementi portas aedis aperuit. Statim Latini[2] arma et equos poposcerunt. Bellum triste maluerunt quam pacem dulcem.

Was bisher geschah ...
Während Äneas nach dem Besuch in der Unterwelt auf dem Tiber ins Landesinnere unterwegs ist, hetzt im Himmel die Göttin Juno die Furie Allekto auf: Sie soll den jungen Rutulerfürsten Turnus und die Latiner gegen die trojanischen Fremdlinge aufstacheln.

42 Äneas bei König Euander und dessen Sohn Pallas

G Indefinitpronomen *aliquis* – Prädikativum

Während Turnus voller Vorfreude Truppen zusammenstellt, sieht Äneas diese Entwicklung mit großer Sorge – er weiß, was Krieg heißt. Im Schlaf erscheint ihm der Flussgott Tiberinus und empfiehlt ihm, sich mit dem aus Griechenland nach Italien eingewanderten König Euander zu verbünden. Er hatte an der Mündung des Flusses Tiber das Städtchen Pallanteum gegründet und auch öfter Probleme mit Übergriffen der Latiner und des Turnus ...

Postero die Troiani, ut deus iusserat, per undas Tiberis[3] navigaverunt. Eodem die in silva flumini propinqua Euander rex forte sacra faciebat. Iuvenes senesque supplices Herculem colebant. Pallas adulescens, quem unum filium Euander habebat, primus naves Troianorum vidit.

[1] **Ardeam** *nach Ardea (Hauptstadt der Rutuler und ihres Anführers Turnus)* – [2] **Latīni, ōrum:** *die Einwohner von Latium*
[3] **Tiberis, is** *m der Fluss Tiber*

Statim ad ripam[1] cucurrit clamans: „Viri, cur huc cursum tenetis? Unde venitis?" Tum Aeneas ex alta nave sic respondit: „Haud aliquos viros, sed Troianos vides, iuvenis! Socios contra Turnum Latinosque[2] petimus, cum Euandro amicitiam coniungere volumus."
Statim Pallas laetus Aeneam ad patrem duxit. Ibi Aeneas: „Summe rex", inquit, „certe non ignoras Arcades[3] et Troianos proavum[4] communem habere. E primis initiis gentium nostrarum propinqui sumus. Itaque noli putare me falsa dicere! Audi! Eadem gens, quae semper vos oppugnat, nobis aliqua ex causa bellum indicavit. Nisi quis vim Latinorum sustulerit, ii victores superbi omnem Italiam perdent. Pugna nobiscum contra Latinos! Sunt nobis fortes animi, praeterea ego imperator plurimos viros ad proelia idoneos convocare possum."

Sic dixerat. Euander rex per totam orationem vultum, oculos, corpus dicentis spectaverat, tum laetus respondit: „Quam libenter te cognosco, Aenea! Notus mihi es: Miro modo vultum, vocem, verba parentis tui in memoriam mihi revocas! Adulescens quondam in Graecia patrem tuum conveni.

Iuvenis virum praeclarum cognoscere et dextram eius tangere ardebam. Anchises mihi tum hanc vestem pulchram dedit, quam nunc Pallas, filius meus, gerit. Libenter igitur te iuvabo. Interea autem, quia huc venistis amici, sacra[5] facite ad aram Herculis!"

Euander erzählt Äneas den Ursprung des Opfers an Herkules: Der große Held sei mit einer Rinderherde in diese Gegend gekommen, als der feuerspeiende Unhold Cacus einige dieser Tiere in eine Höhle entführt habe. Durch das Brüllen der Tiere sei Herkules auf das Versteck des Cacus aufmerksam geworden und habe zur Freude der Einwohner das grausame Monster mit seiner Keule erschlagen. Bis heute feiere man ein jährliches Dankfest zu Ehren des Befreiers Herkules.

Was bisher geschah ...

Äneas gelangt per Schiff zu Euander, dem König der Arkader, und dessen jungem Sohn Pallas. Er wird freundschaftlich empfangen. Euander erzählt, wie der von den Arkadern als Schutzgott verehrte Herkules einst in dieser Gegend das feuerspeiende Monster Cacus erschlagen hat.

---

[1] rīpa, ae *Ufer* – [2] Latīni, ōrum: *die Einwohner von Latium* – [3] Arcades, um: *ursprünglich griechisches Volk, das mit König Euander nach Italien ausgewandert war* – [4] proavus, ī *Ahnherr* – [5] sacrum, ī *Opfer*

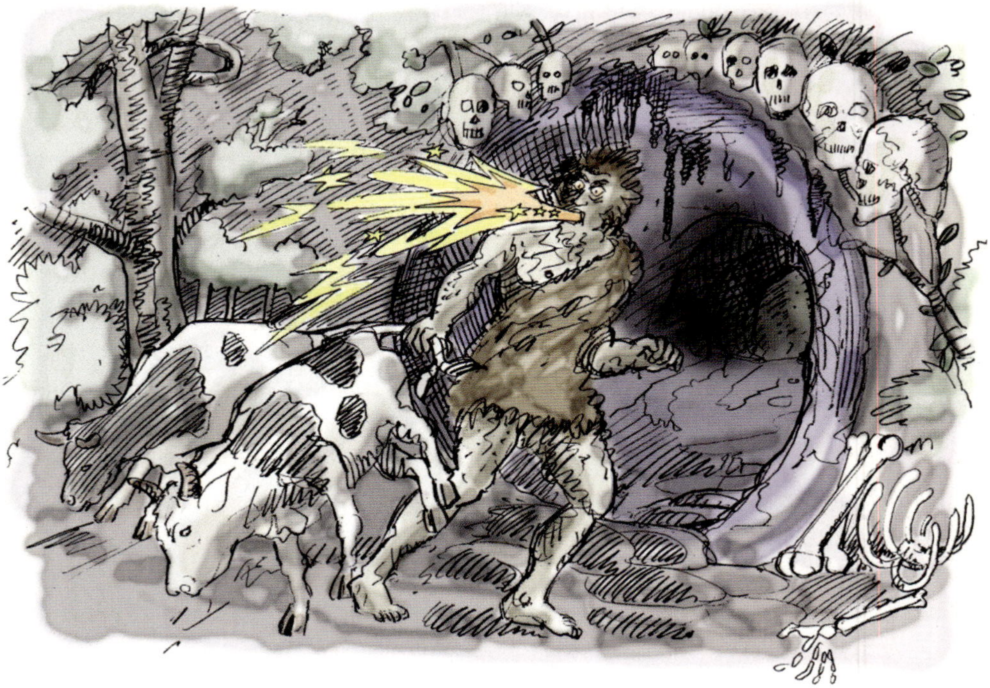

43 Der Tod des Pallas und die Trauer des Euander

G Genitiv der Zugehörigkeit – Dativ des Zwecks und des Vorteils

Euander erzählt dem Äneas vom etruskischen König Mezentius, den das eigene Volk wegen seiner Grausamkeit verbannt habe. Mezentius sei nun im Lager des Turnus. Äneas solle sich außer mit den Arkadern nun mit den Etruskern gegen Turnus verbünden. Schweren Herzens vertraut der greise Euander seinen Sohn Pallas der Obhut des Äneas an. Tatsächlich gelingt das Bündnis mit den Etruskern, und bald beginnt am Lager der Trojaner ein Gefecht zwischen dem Verbund der Arkader, Trojaner und Etrusker gegen die Rutuler und Latiner unter der Führung des Turnus ...

Turnus tam saevus quam lupus[1] inter parva pecora plurimos hostes occidit, cum medio in proelio subito Pallas ante illum stetit. Pallas perterritus Herculem prece oravit: „Da mihi tantam vim quantam ipse in pugnis habebas, Hercule! Tum Turnum certe vincam."

---

[1] lupus, ī *Wolf*

Pallas primus telum in Turnum torsit. Is autem telo cedens vultu superbo risit: „Frustra me vincere temptas, puer. Nunc tibi vim viri veri ostendam.“ His verbis ingens telum iactavit in adulescentem, qui statim mortuus in terram cecidit. Dum Turnus victor pedem sinistram in corpore Pallantis ponit: „Arcades[1]“, inquit, „nuntiate Euandro regi Pallantem filium manu mea occisum esse!“ His verbis balteum[2] Pallantis rapuit et signum victoriae sustulit.

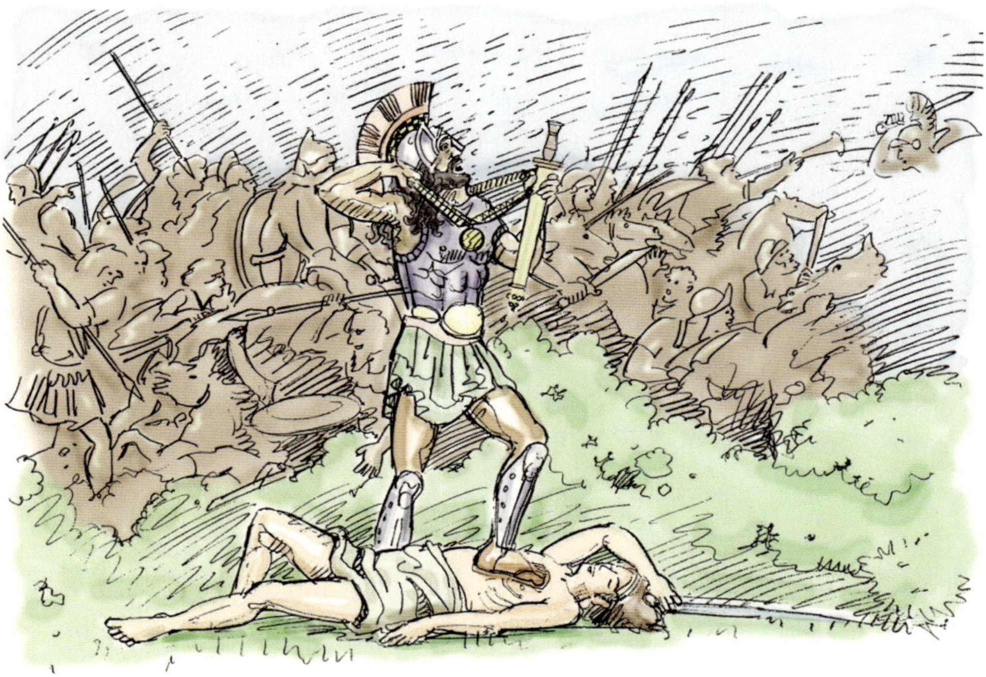

Vix mors Pallantis nuntiata erat, cum Aeneas sine ulla mora ad corpus eius properavit.

Maximo dolore impulsus lacrimas fundens: „O puer infelix“, inquit, „mea culpa est te mortuum in patriam redire. Hunc tristem exitum non providi, cum ab Euandro patre discessi. Senex miser, mortem filii tristem videbis, mihi crimini dabis. Vale, Palla! Tu autem, Turne saeve, audi! Si Troianos ex Italia pellere cupis, mecum pugnare debebis. Imperatoris enim est se fortem praebere.“

[1] **Arcades, um:** *ursprünglich griechisches Volk, das mit König Euander nach Italien ausgewandert war Opfer* – [2] **balteus, ī** *Waffengürtel, Wehrgehenk*

Multos dies triste agmen corpus Pallantis ad urbem Euandri portaverat. Euander rex in alta turri stans iam procul agmen atrum vidit. Celeri cursu descendit, agmini occurrit, filium mortuum conspexit. Ingentem fluctum lacrimarum fundens dixit: „Numquam talem fortunam tristem mihi tibique exspectavi, Palla! Tu mihi maximae curae, tu mihi summo gaudio eras – neque ullus deorum preces meas audivit. Sed deorum est hominibus providere. Nunc senex mortem filii videre cogor. Troiani, nuntiate haec regi vestro: Aeneas et mihi et filio mortem Turni debet[1]."

His verbis Euander Troianos ad Aeneam remisit. Dum Arcades Pallantem flent, etiam Latini tristes erant, quia tot mariti, filii, amici occisi erant. Iam Turnus eis odio esse coepit. Dicebant hoc bellum soli Turno usui esse.

Was bisher geschah ...

Euander vertraut dem Äneas seinen Sohn Pallas an, der aber kurz darauf in einer Schlacht von Turnus getötet wird. Äneas bringt den Leichnam zu dem erschütterten Euander zurück und schwört Rache. Unterdessen regt sich im Lager der Latiner Widerstand gegen Turnus als eigenmächtigen Kriegsherrn.

44 Die Ratsversammlung der Latiner

G Konjunktiv Imperfekt – Irrealis (Gegenwart)

Da sich sein Volk in Kriegsbefürworter und Kriegsgegner aufspaltet, beruft König Latinus die führenden Männer des Staates in seinen Palast ein.

Ut cuncti consederunt, rex primus orationem habuit: „Bellum haud opportunum, cives, cum gente Troianorum gerimus. Hostes vinci non possunt, civitas nostra autem tota iacet. His de causis haec cogitabam: Mihi est ager antiquus ad Tuscum flumen situs, pertinens usque ad fines Siculorum. Si hanc regionem Troianis daremus, et pacem haberemus et cum sociis novis regnum confirmaremus. Sin autem[2] Troiani alia in regione vivere vellent, optimum esset eis naves egregias aedificare. Inite consilium et providete saluti communi!"

---

[1] dēbēre *hier: schulden* – [2] sīn autem *wenn aber*

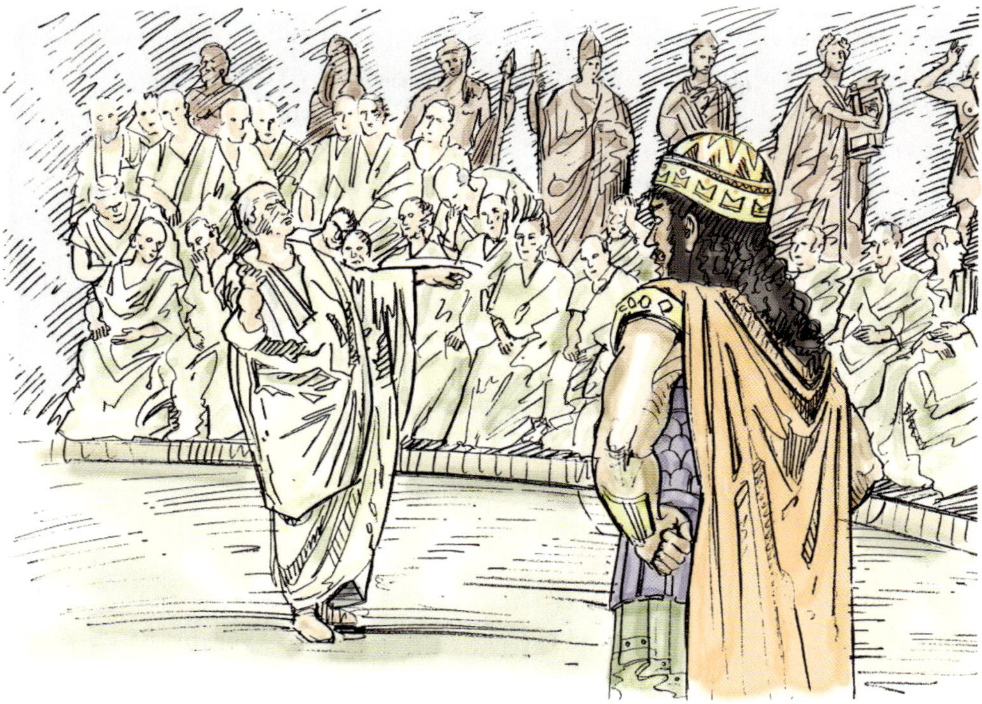

Tum Drances, cui Turnus semper odio erat, haec dixit: „Optime rex, recte hodie mala belli nominas, de quibus plurimi tacent aut occulte dicunt, quia iram Turni timent.” Et ad Turnum conversus: „Audi tandem”, ait, „vera de te, Turne superbe! Propter[1] te tot clari viri ceciderunt, propter te tota urbs tristis nunc iacet. Latine rex, si meum consilium audire vis: Ego Aeneae non solum dona pulchra mitterem, sed etiam Laviniam uxorem darem! Hoc modo longam pacem inter populos faceres. Cur, Turne, non desinis tot cives miseros in tanta pericula rapere? Nulla salus bello inest[2], pacem a te poscimus. Itaque victus abi! Nimis acerbas caedes vidimus, agri deserti iacent. Si quidem Lavinia adeo tibi cordi est, voca Aeneam in pugnam! Si virtus aliqua honosque tibi esset, ei non cederes.“ Turnus ira incensus respondit: „Semper, Drance, imprimis lingua vales. Dic mihi: Num dextra tua aliquos Troianos occidit? Num quid laude dignum in bello gessisti? Veni et mecum pugna contra hostes! Iam nos manent. Quid cessas? Eritne semper tibi virtus solum in lingua pedibusque celeribus? Egone victus sum? Nemo umquam me victum vidit. Ego mille hostes victor in Tartarum demisi. ‚Nulla salus bello inest.‘ Narra talia pueris et puellis!

---

[1] **propter** *m. Akk. wegen* – [2] **inesse** *m. Dat. in etwas sein*

Nunc ad te et tua magna consilia, Latine rex, redeo. Si nullam spem in armis nostris poneremus neque fortuna nos iuvaret, pacem turpem petere oporteret. Sin autem[1] virtus nobis et adhuc vis iuvenum fortium est, cur ante pugnam animum demittimus? Tenete memoria nos Camillam comitem habere, quae praeclaram gentem Volscorum[2] regit. Et si Troiani me solum in proelia poscerent, ad pugnam paratus irem."

Subito nuntius clamore omnes terrens intrat: „Troiani ante muros sunt!"

Was bisher geschah ...

In einer von König Latinus einberufenen Ratsversammlung greift der Latiner Drankes den Turnus in einem Rededuell an und fordert ihn auf, alleine im Zweikampf mit Äneas die Entscheidung um die Königstochter Lavinia und die Herrschaft über Italien zu suchen. Als Turnus seine Rede hält, wird gemeldet, dass die Trojaner vor der Stadt stehen.

45 Die Volskerkönigin Camilla

G Konjunktiv Plusquamperfekt – Irrealis (Vergangenheit)

Die Nachricht von der Ankunft der Trojaner vor der Stadt kommt dem Turnus gelegen:

Turnus: „O cives", inquit, „Troiani otio se non dant: Armis regnum petunt. Si Aeneas ad moenia Troiae tot orationes habuisset quot nos, numquam Graecos effugisset. Facta valent, non dicta!"

Tum cursu celeri foras volavit. Foris statim copias composuit. Latinus rex magna crimina sibi fecit: „Si hoc scivissem, prius pacem cum Aenea coniunxissem eique filiam coniugem dedissem."

Turnus ante muros urbis, ut optaverat, Camillae, reginae Volscorum[2], occurrit. Illa statim de equo descendit et talia dixit: „Turne, non me vocavisses, nisi me propter vim ac virtutem meam magni faceres. Ego huc non venissem, nisi iam saepe me fortem praebuissem. Itaque me sine pericula belli temptare Troianosque oppugnare! Tu interea cum copiis tuis hic manebis."

---

[1] **sīn autem** *wenn aber* – [2] **Volscī, ōrum** *die Volsker*

Dum haec in terra aguntur, Diana[1] dea Opim[2], unam e comitibus, arcessivit: „Aspice Camillam! Novistine fabulam de vita eius? Audi! Cuius pater quondam e patria expulsus erat. Tyrannus iussit patrem fugientem necari. Metabus pater per vastas silvas fugiens Camillam, filiam parvam, umeris portabat. Quem ut milites tyranni ad flumen viderunt, tela in eum coniecerunt. Quia Metabus sensit se cum filia flumen transire non posse, puellam vinculis ad longum telum fixit[3] idque ingenti vi in ripam[4] alteram torsit. Tum ipse in undas se misit salvusque per flumen pervenit. Aliter pater et filia milites numquam effugissent.

Nemo patrem filiamque excepit. Inde in silva pellibus[5] induti simplicem vitam agebant. Nisi pater Camillam usum armorum docuisset, animalia fera eam perdidissent.

Nisi Camilla a Turno ad bellum commota esset, adhuc tuta in tenebris silvae vitam ageret. Hoc equidem opto: Si quis Troianorum aut Etruscorum eam violaverit vel occiderit, a te necabitur.“ Diana[1] his verbis Opim[2] de caelo alto in Italiam demisit.

Was bisher geschah ...

Turnus hat zur Unterstützung gegen die Trojaner Camilla, die Königin der Volsker, hinzugezogen.

16 Der Tod Camillas in der Schlacht

G Objektsätze (Begehrsätze)

Der Heeresverband der Trojaner und Etrusker war vor der Stadt aufmarschiert, als Camilla Volsker und Latiner gegen die Feinde führt – sofort beginnt das Schlachtgetümmel ...

Periculum fuit tanta in turba, ne amicus amicum occideret. Medias inter caedes Camilla fuit militesque suos monuit, ut summa cum virtute contenderent. Arcus[6] aureus quondam a Diana[1] dea datus ex umero eius pependit. Quo arcu regina effecit, ut multi hostes fugientes interficerentur.

---

[1] Diāna, ae: *Göttin der Jagd (griech. Artemis)* – [2] Opis, is: *Dienerin der Göttin Diana* – [3] fīgere, fīgō, fīxī, fīxum *befestigen* – [4] rīpa, ae *Ufer* – [5] pellis, is *f* *Pelz* – [6] arcus, ūs *m* *Bogen*

Quot tela torsit, tot Troiani ceciderunt. Camilla hosti roganti, ne necaretur, respondit: „Nunc adest dies, qui vobis vim veram Volscorum demonstrat. Haud parva gloria tibi erit manu Camillae cecidisse." His verbis gladium in pectore eius fixit.

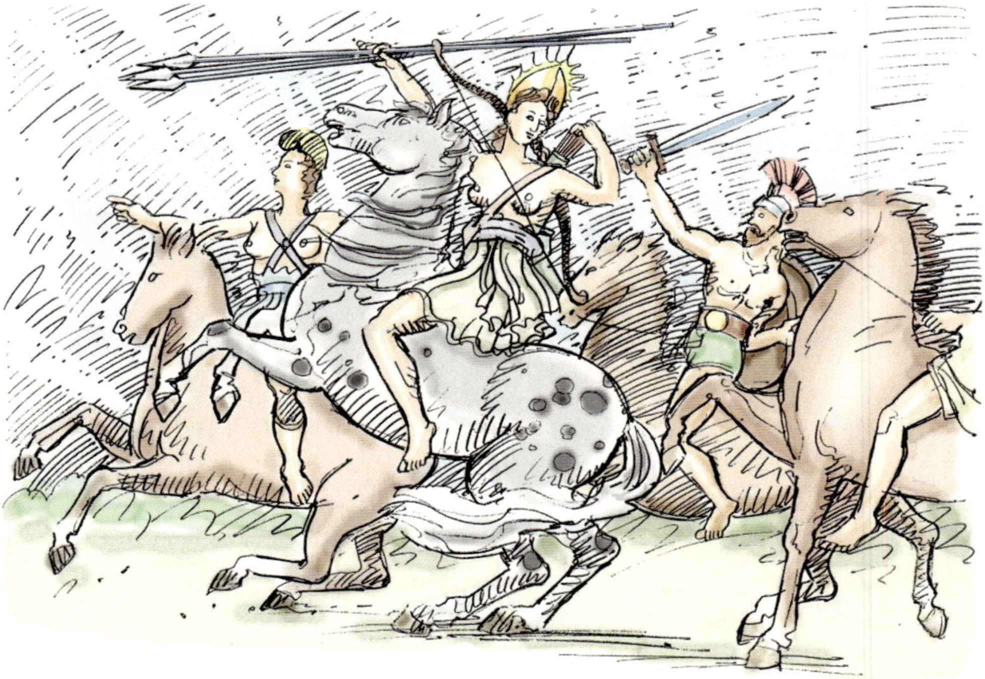

Ut imperator Etruscorum copias suas cedere cognovit, magna voce imperavit, ut in proelium redirent: „Quis vobis permisit, ut a pugna desisteretis? Num vos a femina superari sinitis? Ubi honos, ubi virtus vestra est? Tenete memoria me vobis mandavisse, ut usque ad mortem pugnaretis." Tum ipse se equumque in proelium misit. Etrusci hoc exemplo virtutis confirmati sunt.

Alio loco aliqui miles Troianus praeclarum conspectum praebebat. Aurea veste indutus in pulchro equo sedit. Numquam antea Camilla tales divitias in milite viderat. Statim agmen tutum deseruit, quia metuit, ne alius hanc praedam prius raperet. Hoc vitium causa mortis fuit. Ut enim unus ex Etruscis Camillam agmen deserere animadvertit, ex insidiis telum in reginam iactavit.

Is, quamquam virginem violatam de equo cadere videbat, tamen fugit timens, ne telis Camillae exstingueretur. Sed frustra fortunam effugere temptavit. Opis enim, ut Diana dea iusserat, supra campum volans Etruscum telo exstinxit. Tum mortem tristem Camillae flebat.

Was bisher geschah …
Camilla, die Volskerkönigin, fällt in der Schlacht gegen die Trojaner.

47 Der grimmige Entschluss des Turnus

G Adverbialsätze (konsekutiv, final) – Ablativ der Beschaffenheit

Das Kriegsglück neigt sich den Trojanern zu. Allein die hereinbrechende Nacht verhindert die Erstürmung der Stadt des Latinus.

Latini intra moenia urbis fugerant, ut se servarent. Etiam Volsci morte Camillae perturbati fugerant, ne ante muros occiderentur.

Troiani castra collocabant, ut tempore idoneo urbem oppugnarent. Turnus magnum metum civium sensit. Itaque in tectum regis properans „Optime rex“, inquit, „Latini me cum Aenea de victoria pugnare volunt. Igitur pugnabo: Aut hac dextra Troianum interficiam aut is vincet et Laviniam pulchram abducet.“

His verbis Latinus respondit: „O praeclare adulescens, te cum Aenea de regno et de Lavinia pugnare nolo. Respice varios casus fortunae et parce patri misero tuo! Is semper optabat, ut filius salvus in patriam rediret. Audi! Omnes sciunt te iuvenem ingenti virtute et audacia esse. Tam fortem te praestitisti, ut magnam gloriam belli tibi pareres. Praeterea regnum habes, magnae opes tibi sunt. Sunt multae virgines pulchrae et nobiles, quae te maritum desiderant. Nonne scis deum mihi quondam mandavisse, ne Laviniam viro Italico[1] coniugem darem? Sic ego, sic Amata uxor te amavimus, ut imperium dei tum neglegeremus. Nunc vero deo cedere et bello crudeli finem facere tempus est.“

Tum autem iuvenis ira incensus: „Depone curam, quam pro me habes, optime senex! Aeneam superabo. Haud semper Venus dea filio suo aderit eumque a periculis belli teget.“

---

[1] **Italicus, a, um** *italisch, aus Italien*

Amata regina flebat et his verbis Turnum a pugna prohibere temptabat: „Turne, noli pugnare! Si necaberis, tecum vitam relinquam." Lavinia ut haec verba matris audivit, lacrimas fudit. Turnus tristis virginem tristi animo aspexit. Tanto amore commotus est, ut plus pugnam desideraret quam antea. Igitur dixit: „Noli me his lacrimis retinere, mater! Nuntiate tyranno Troiano haec verba: Proelia inter Troianos et Rutulos quiescent. Nostro sanguine[1] bellum decernemus. Lavinia coniunx praemium victoriae erit."

Tum Turnus nuntium ad castra Troianorum dimisit, ipse equum poposcit.

Was bisher geschah ...

Nach dem Tod der Camilla neigt sich das Kriegsglück den Trojanern zu; Turnus fasst den Entschluss, die Entscheidung um die Vorherrschaft in Italien im Zweikampf mit Äneas zu suchen.

48 Die Verwundung des Äneas

G Adverbialsätze (temporal, konditional) – Genitivus subiectivus und obiectivus

Am nächsten Tag treffen sich König Latinus mit Turnus und Äneas sowie Sohn Julus vor den Toren der Stadt und vereinbaren durch einen Schwur Frieden zwischen ihren Völkern. Herrscher soll der Sieger des Zweikampfes zwischen Äneas und Turnus sein. Plötzlich jedoch stachelt ein Rutuler seine Leute mit dem Argument auf, dass sie, obwohl im eigenen Land und in Überzahl, bald dem Fremdling Äneas und den Trojanern gehorchen müssten. Als er mit dem Speer einen Trojaner tötet, beginnt der Krieg von neuem ...

Dum Latinus rex novo bello perterritus e proelio fugit, Aeneas dextram tendebat atque milites suos vocabat: „Quo sine ulla ratione properatis? Retinete iram! Pax iam facta erat, mihi soli ius erat pugnare. Me sinite periculum vitae subire et cum Turno de victoria contendere!"

Ecce! Inter has voces, inter talia verba telum celere per auras volavit et Aeneam violavit. Ubi Turnus Troianos perturbatos esse vidit, nova spe incensus est. Tanta erat fiducia sui, ut equum posceret solusque media in agmina hostium properaret. Sine metu mortis hostibus instat.

---

[1] sanguis, inis *m Blut*

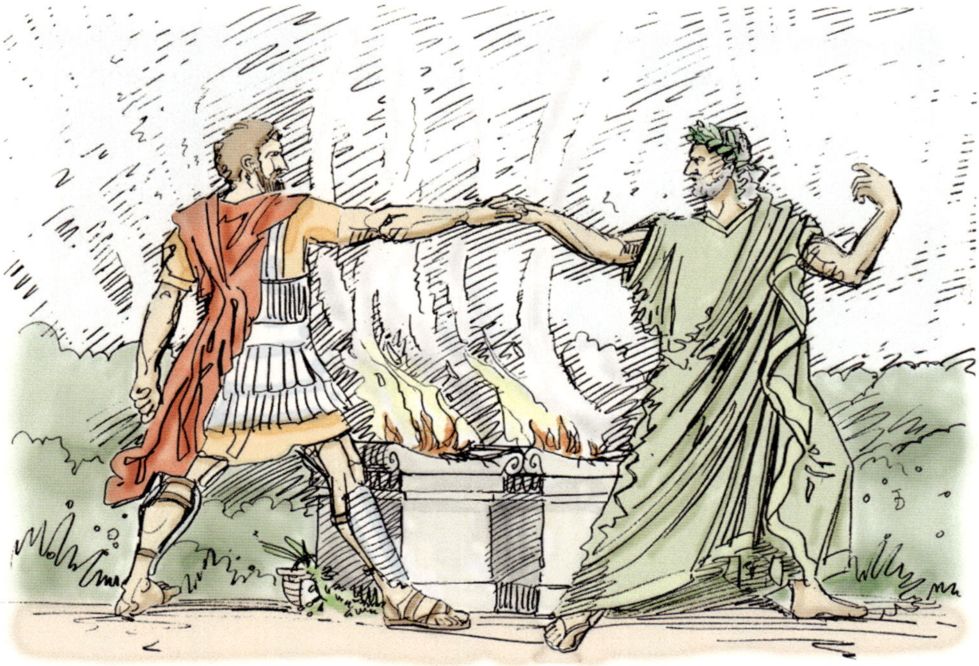

Cum iam multos occidisset, telum iterum torsit. Postquam aliqui miles Troianus laesus de equo cecidit, Turnus pedem in pectore viri miseri posuit. Priusquam hostem victum necavit, superbus haec dixit: „Vide agros Italiae, quos iam tuos putabas, Troiane! Haec praemia accipient ii, qui virtutem Turni neglegent. Si quis iura mea praeterierit, eadem poena afficietur."

Dum Turnus victor agmina terret, Achates comes filiusque Iulus Aeneam violatum in castra duxerunt. Quamquam ingenti dolore vexabatur, tamen nullum gemitum dedit. Frustra medicus[1] officium suum praestitit. Telum in vulnere mansit neque ullo modo moveri potuit.

Comites prope stantes iam spem salutis dimiserant, cum Venus dea ex alto caelo casum tristem filii perspexit. Profecto paulo post medicus[1] auxilio deae telum e vulnere eduxit. Ut hoc erat factum, vires corporis redierunt Aeneasque recreatus est. Medicus: „Non mea manus hanc salutem dedit, non fuit hoc auxilium hominis, sed dea hanc rem miram fecit."

---

[1] **medicus, ī** *Arzt*

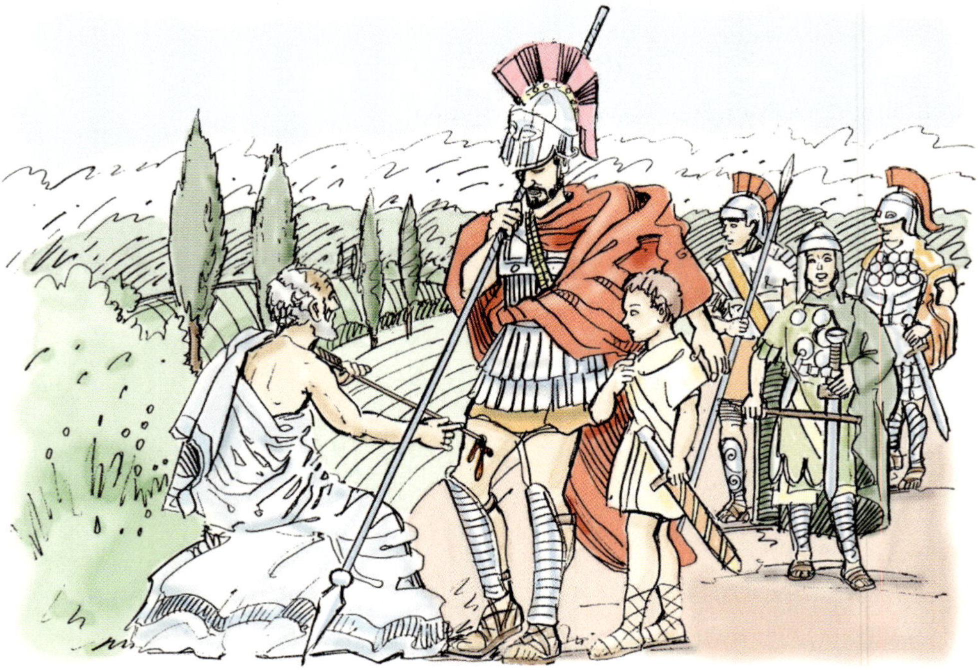

Aeneas ipse amore pugnae statim incensus est armaque sua corripuit. Cum arma induisset, Iulum filium tetigit dicens: „Disce, puer, virtutem a me, fortunam ab aliis. Nunc mea dextra te defendet et ad magna praemia ducet.“ Haec ubi dixit, celeri cursu e porta castrorum exiit.

Was bisher geschah ...

Latiner und Trojaner einigen sich darauf, dass im Zweikampf zwischen Äneas und Turnus die Entscheidung um die Herrschaft über Italien fallen soll, als Äneas plötzlich durch einen Pfeil verwundet wird. Nach der Heilung zieht Äneas wieder in den Kampf.

19 a) Die Belagerung der Stadt des Latinus und der Tod der Amata

G Indefinitpronomen *quisque* – Ablativ der Trennung

Kaum ist Äneas geheilt, stürzt er sich wie ein Löwe ins Kampfgetümmel ...

Aeneas et Turnus incredibili impetu pugnabant; suos quisque hostes oppugnabat. Ambo tanto odio ardebant, ut in proelio omni misericordia carerent. Aeneas dum oculis Turnum quaerit, urbs Latini regis in conspectum venit. Statim milites suos convocavit, dextram ad moenia tetendit, magna cum voce Latino regi fidem violatam crimini dedit: „Num oportet viros victos iterum bellum incipere? Hodie urbem Latini, causam belli, exstinguemus. Arcessite ignes, socii, et flammis eos fidem servare cogite!"

Incolae urbis ingenti metu perturbati sunt. Alii portas Troianis aperiri iubent. Alii arma corripiunt murosque ab hostibus defendere pergunt. Ut Amata regina e turri alta vidit muros ascendi, ignes ad tecta volare, hostes a muris non prohiberi, credidit Turnum iuvenem in pugna interfectum esse. Itaque se ipsam necavit. Cum Latini id audivissent, animum demiserunt flentesque per vias urbis cucurrerunt. Ibat inter eos Latinus rex tristi casu fractus.

Paulo post nuntius medias per caedes usque ad Turnum pervenit: „Turne", inquit, „in te ultima salus est. Omnes Latini te exspectant. Auxilio tuo egemus. Aeneas cum optimo quoque milite urbem oppugnat. Praeterea regina ipsa manu sua de vita decessit. Vindica crudelitatem Troianorum et serva libertatem nostram! Redi ad urbem!"

Turnus primo tacuit, tum equum ascendit, per hostes, per tela cursu celeri ad urbem volavit. Ante moenia signum manu dedit saevaque voce sic clamare coepit: „Desistite a pugna, Rutuli, et vos, Latini, telis parcite! Me oportet pro vobis bellum gerere. Cum Aenea pugnabo eumque vita et armis spoliabo." Subito omnes discesserunt locumque dederunt. Ubi Aeneas animadvertit Turnum adesse, magna cum laetitia ad hostem properavit. Omnes Rutuli et Troiani arma umeris deposuerunt et oculos in eos converterunt.

Ac velut duo boves sua quisque fronte frontem alterius oppugnant, haud aliter Aeneas et Turnus pugnam ineunt.

Was bisher geschah ...

Der genesene Äneas und Turnus stürzen sich vor den Mauern der Stadt Lavinium ins Kampfgetümmel, bis sie endgültig aufeinandertreffen.

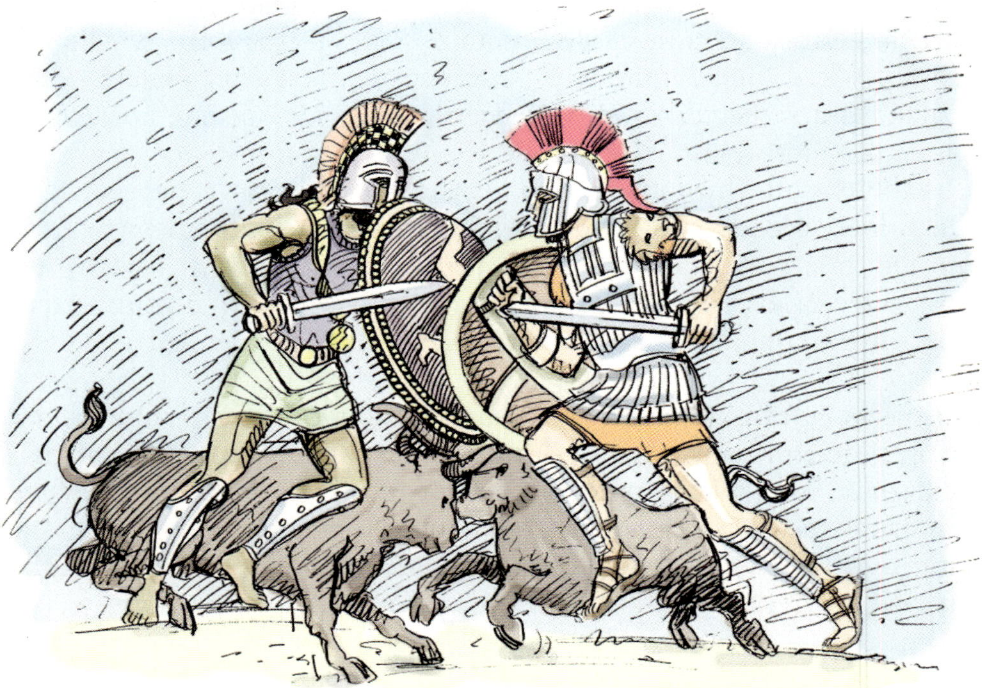

49 b) Der Entscheidungskampf zwischen Turnus und Äneas

G Substantive der 3. Deklination: Zusammenfassung (Genera)

Aeneas et Turnus diu paribus viribus pugnabant. Ecce! Subito gladius Turni medio in impetu fractus est. Statim fugere temptavit, sed alia parte agmine Troianorum, alia parte moenibus urbis clausus est. Quamquam ille Rutulos nomine vocabat, frustra novum gladium poposcit.

Rex Olympi ex alto caelo haec videns Iunoni dixit: „Troiam exstinguere, Troianos terra marique agitare, bellum ingens commovere potuisti. At scis victoriam Aeneae deberi[1]. Desiste igitur ab odio Troianorum!“

---

[1] dēbēre *hier: schulden*

Sic Iuno dea respondit: „Iupiter, iam cedam pugnasque relinquam. Sed audi condicionem meam: Si Latini cum Troianis pacem fecerint, noli sinere Latinos appellari Troianos neque sermonem vestemque convertere!“
Tum pater hominum atque rex deorum vultu familiari risit: „Remitte curas tuas! Libenter dabo, quod vis: Quamquam cum Troianis in unum populum convenient, Latini sermonem antiquum moresque maiorum tenebunt. His idem nomen erit, quod nunc est. Quae gens summa cum pietate te magni aestimabit.“ Iuno his verbis contenta abiit.

Aeneas interea vehementi voce clamavit: „Quid cessas, Turne? Nunc armis saevis pugnare necesse est.“ Iuvenis respondit: „Verba tua me non terrent; dei me terrent et Iupiter hostis.“ Statim ingens saxum sustulit, sed frustra in hostem torsit. Nunc Aeneas tota vi corporis telum iactavit Turnumque violavit. Rutuli magno cum gemitu vulnus imperatoris viderunt.

Turnus supplex dextram tendens: „Si qua misericordia te tangere potest“, inquit, „redde patri me aut corpus mortuum, quaeso. Vicisti et Rutuli me victum viderunt. Tua est Lavinia coniunx. Noli supplicium sumere de me!“ Stetit acer in armis Aeneas volvens oculos gladiumque retinebat.

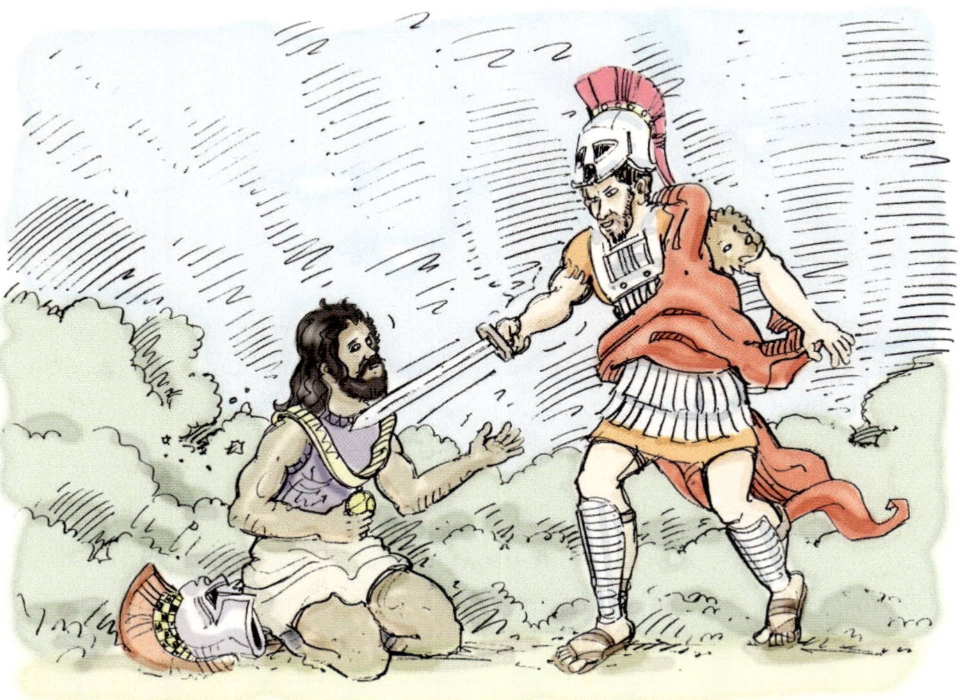

Iam sermo duram mentem Aeneae mutare coeperat, cum subito aspexit balteum[1] Pallantis iuvenis, quem Turnus occiderat. Tum Aeneas ingenti ira incensus clamavit: „Num tu, qui Pallantem et vita et balteo spoliavisti, veniam petis? Nunc Pallas te hoc vulnere occidit et supplicium de scelerato sumit." Hoc dicens gladium in pectus Turni condidit.

Was bisher geschah ...

Nachdem Äneas auf diese Weise den Tod seines jugendlichen Freundes Pallas gerächt hatte und damit zugleich seinen größten Widersacher losgeworden war, war der Weg für die Heirat mit Lavinia frei. Wie Jupiter und Anchises geweissagt hatten, vereinigten sich die Trojaner friedlich mit den Völkern Latiums und verschmolzen über die Jahrhunderte zum Volk der Römer, als dessen Ahnherr Äneas galt. Seine Nachfahren gründeten die Stadt Rom, in der es vor allem in der Kaiserzeit als vornehm galt, den eigenen Familienstammbaum auf die Trojaner zurückführen zu können.

[1] **balteus, ī** *Waffengürtel, Wehrgehenk*

Eigennamenverzeichnis

Acestēs, ae ursprünglich aus Troja stammender König in Sizilien, Gründer von Acesta (Segesta).

Achaemenidēs, is Gefährte des ↗Odysseus, der mit diesem zusammen den einäugigen Riesen ↗Polyphem geblendet hat und vor dessen Zorn er nun Schutz bei ↗Äneas und den Trojanern sucht.

Achātēs, is Trojaner und treuester Freund des ↗Äneas.

Aenēas, ae Trojaner, Sohn der Göttin ↗Venus und des trojanischen Fürsten ↗Anchises, Hauptheld der Äneis, der in Italien ein zweites Troja gründet und so zum Ahnherrn der Römer wird.

Aeolus, ī Beherrscher der Winde, mit ↗Juno gegen die Trojaner verbündet.

Alba Longa die älteste Stadt der Latiner, Mutterstadt des späteren Rom.

Allēctō eine der drei Erinnyen (Furien), Rachegöttinnen.

Amāta, ae Frau des Königs ↗Latinus, die auf Seiten des Turnus steht, weil sie sich ihn als Mann ihrer Tochter ↗Lavinia vorstellt.

Anchīsēs, is trojanischer Fürst und Vater des ↗Äneas. Er stirbt während der Irrfahrten der Trojaner auf Sizilien, darf aber seinem Sohn in der Unterwelt die Zukunft der Trojaner weissagen.

Anna, ae Schwester der karthagischen Königin ↗Dido.

Arcades, um Das ursprünglich griechische Volk der Arkader, es siedelte unter König ↗Euander in Latium, der Gegend des späteren Rom.

Ardea, ae Hauptstadt der ↗Rutuler, Wohnsitz des ↗Turnus.

Brūtus, ī Römischer Freiheitsheld, der den Tyrannen ↗Tarquinius Superbus ermordet und so der Begründer der römischen Republik wird.

Cācus, ī Sohn des Schmiedegottes Vulcanus, feuerspeiender Riese, der von Hercules wegen eines Rinderdiebstahls getötet wird.

Caesar Augustus Kaiser Augustus, der in der „Römerschau" (51) von ↗Anchises als Gipfelpunkt der römisch-trojanischen Geschichte aufgeführt wird.

Camilla, ae Königin der ↗Volsker, die an der Seite des ↗Turnus gegen die Trojaner kämpft, eine Art italische Amazone.

Carthāgō, inis Stadt in Nordafrika, in der die Königin ↗Dido herrscht und an deren Küsten es ↗Äneas verschlägt.

Charōn, ōntis Unterweltsfährmann, der die Seelen der Toten über den Unterweltsfluss ↗Styx ins Totenreich geleitet.

Crēta, ae die griechische Insel Kreta, auf der ↗Äneas und seine Gefährten einen Zwischenaufenthalt machen, bevor sie nach Sizilien gelangen.

Creūsa, ae Tochter des trojanischen Königs ↗Priamos, Frau des ↗Äneas, Mutter des ↗Julus, stirbt während der Flucht aus Troja.

Darēs, ētis ein Trojaner, Gegner im Boxkampf gegen den Sizilianer ↗Entellus während der Spiele zu Ehren des verstorbenen ↗Anchises.

Diāna, ae Göttin der Jagd (griech. Artemis). Sie rächt den Tod der ↗Volskerkönigin ↗Camilla.

Dīdō, ōnis Gründerin und Königin von Karthago, Geliebte des ↗Äneas, die sich nach seinem Abschied aus Kummer umbringt.

Drancēs ein ↗Rutuler, Gegner des ↗Turnus.

Elysium, ī das Elysium, Wohnort in der Unterwelt für alle, die sich während ihres Lebens nichts zuschulden haben kommen lassen.

Entellus, ī ein Sizilianer, Gegner des Trojaners ↗Dares im Boxkampf während der Spiele zu Ehren des verstorbenen ↗Anchises.

Etruscī, ōrum die Etrusker.

Euander, -drī König der ↗Arkader und Vater des ↗Pallas.

Helena, ae Frau des griechischen Königs ↗Menelaos, die der trojanische Prinz ↗Paris ihrer Schönheit wegen nach Troja entführte, was den Trojanischen Krieg auslöste.

Iarbās, ae König der afrikanischen Gätuler, abgewiesener Freier der ↗Dido.

Īlioneus, eī Gefährte des ↗Äneas, Sprecher der Trojaner vor ↗Dido und ↗Latinus.

Īris, idis Götterbotin, ihr Symbol ist der Regenbogen.

Iūlus, ī Sohn des ↗Äneas und der ↗Kreusa.

Iūnō, ōnis Frau des ↗Jupiter und Feindin der Trojaner (griech. Hera).

Iupiter, Iovis höchster und mächtigster der Götter (griech. Zeus), Mann der ↗Juno, Vater der ↗Venus.

Lāocoōn, ontis trojanischer Priester, der seine Landsleute vor dem Trojanischen Pferd warnt, aber kein Gehör findet, weil eine Seeschlange ihn und seine zwei Söhne tötet.

Latīni, ōrum die Latiner, Einwohner von Latium, der Gegend um Rom.

Latīnus, ī König der Latiner, Ehemann der ↗Amata, Vater der ↗Lavinia.

Lāvīnia, ae Tochter des Königs ↗Latinus und der ↗Amata. Sie ist dem ↗Turnus als Ehefrau versprochen, bis der Fremdling ↗Äneas kommt.

Libya, ae nördlichster Streifen Afrikas.

Menelāus, ī König von Sparta und Ehemann der ↗Helena, die der Trojanerprinz ↗Paris nach Troja entführt.

Mercurius, ī Gott der Kaufleute und Diebe. Götterbote mit Flügelhelm und Flügelschuhen (griech. Hermes).

Metabus, ī Vater der ↗Volskerkönigin ↗Camilla.

Mezentius, ī König der Etrusker, berüchtigt für seine Grausamkeit und Gottlosigkeit.

Minerva, ae Göttin der Weisheit, der Künste und des Handwerks (griech. Athene).

Nautēs, ae ein Trojaner, Gefährte des ↗Äneas.

Neptūnus, ī Gott des Meeres (griech. Poseidon).

Opis, is Nymphe und vertraute Dienerin der Göttin ↗Diana.

Pallās, antis ein ↗Arkader, Sohn des Königs ↗Euander, von ↗Turnus im Zweikampf getötet und von ↗Äneas gerächt.

Pallantēum, ī Stadt, die auf dem Hügel Aventin von König ↗Euander gegründet wurde.

Paris, idis Sohn des trojanischen Königs ↗Priamos, Urheber des Trojanischen Krieges durch den Raub der ↗Helena.

Poenī, ōrum Volksstamm der Punier (Karthager).

Polyphēmus, ī einäugiger Riese, dem ↗Odysseus mit einem Pfahl das Auge aussticht.

Priamus, ī König von Troja

Romulus, ī Gründer der Stadt Rom („753 schlüpft Rom aus dem Ei").

Rutulī, ōrum die Rutuler, Volksstamm in Latium, über den ↗Turnus herrschte.

Sibylla, ae Seherin und Führerin des ↗Äneas in der Unterwelt.

Sicilia, ae Sizilien, dreieckige Insel an der Stiefelspitze Italiens, auf der ↗Äneas die Spiele zu Ehren seines Vaters abhalten lässt.

Styx, gis der Styx, Unterweltsfluss, über den der Fährmann ↗Charon die Seelen der Toten bringt.

Sychaeus, ī Ehemann der ↗Dido, den ihr Bruder aus Geldgier umbringen ließ.

Tarquinius Superbus der letzte etruskische König Roms, von ↗Brutus umgebracht.

Tartarus, ī der Tartarus, die Unterwelt.

Tiberīnus, ī der Flussgott Tiber, er weist ↗Äneas den Weg.

Turnus, ī König der ↗Rutuler, Verlobter der ↗Lavinia und Hauptgegner des ↗Äneas.

Ulixēs, is Odysseus, sagenhafter griechischer Held, auf dessen Listen seine Landsleute stets vertrauen können.

Venus, eris Göttin der Liebe (griech. Aphrodite), Mutter des ↗Äneas und Beschützerin der Trojaner gegen die Intrigen der ↗Juno.

Volscī, ōrum die Volsker, ein Volk in Latium, das unter seiner Königin ↗Camilla dem ↗Turnus hilft.

Hinweise für die Lehrkraft

Dieser zusammenhängende kleine Äneas-Roman verfolgt die Grundidee, schon in der Spracherwerbsphase dem Schüler die **Möglichkeit einer durchgängigen Lektüre** zu bieten. Der **Fortsetzungscharakter** steigert die Lern- und Lesemotivation der Schüler, da sie ihr Wissen unmittelbar umsetzen können und müssen, wenn sie den Fortgang der Geschichte verfolgen wollen.

Der kleine Roman besteht aus 24 Kapiteln, die in der Reihenfolge des Wortschatzes und der Grammatik dem Lehrbuch Felix neu folgen, und zwar ab Kapitel 27. Dabei wurde in jedem Kapitel nicht nur auf eine ausreichende **Umwälzung des jeweiligen neuen Wortschatzes** und eine **hohe Phänomendichte des jeweils aktuellen Grammatikstoffes**, sondern auch auf **kontinuierliche immanente Wiederholung** geachtet, sodass sich eine gute Zusatzmöglichkeit zur **Wiederholung, Vertiefung und Einübung** bietet. Inhaltlich wurde Wert gelegt auf altersspezifisch interessante Geschichten für beiderlei Geschlecht, die teils märchenhaften, teils abenteuerlichen Charakter haben.

Drei Hauptverwendungsmöglichkeiten bieten sich an: Im Rahmen der **individuellen Förderung** bietet dies Lesebändchen sicher willkommenes Zusatzmaterial, zumal es sukzessive mit dem fortlaufenden Unterricht verzahnt ist. Es kann für die Schüler aber auch eine zusätzliche Möglichkeit für die **häusliche Übung** darstellen, und nicht zuletzt ist es geeignet, den Schülern in den Sommerferien eine gute **Wiederholungsmöglichkeit des gesamten Stoffes** in unterhaltsamer Form zu bieten.

Jugendliteratur zu Vergils *Äneis*

Bücher

Carstensen, Richard: Römische Sagen, dtv junior, München 2005.

Köhlmeier, Michael: Neue Sagen des klassischen Altertums von Eos bis Äneas, München/Zürich 2002.

Lechner, Auguste: Aeneas. Der Sohn der Göttin, Arena – Taschenbuch, Innsbruck 2010.

Scheffer, Thassilo von: Fahrten und Abenteuer des Äneas, Stuttgart 1964.

Hillen, Hans J.: Von Aeneas zu Romulus. Die Legenden von der Gründung Roms, München 2003

Hörbücher/CDs

Boysen, Rolf (Sprecher): Vergil. Aeneis, Der Hörverlag 2006.

Nottke, Joachim/Uhlen, Gisela (Sprecher): Vergil. Aeneis, Audiobook, Audioverlag 2008.

Schwab, Gustav/Vogler, Agnes: Die Sage des Aeneas. Hörbuch (2 CDs), Technisat/Radioropa, 2006.

27 /28 Vater Äneas rief mit trauriger Miene: „Komm ins Haus, Julus! Die griechischen Soldaten haben unsere Stadt erobert. Sie eilen durch alle Straßen Trojas. Ich habe gesehen, dass die wilden Griechen sogar Kinder mit ihren grausamen Händen getötet haben. Bald werden sie da sein. Wenn wir ihnen nicht entkommen, werden sie auch uns töten. Eine einzige Hoffnung haben wir: Wenn wir Troja verlassen, werden wir sicher sein." Julus sagte : „Erzähl bitte, Vater: Warum haben die Griechen Troja angegriffen?" Äneas antwortete: „Großvater Anchises wird dir vom Grund des Krieges erzählen, bis ich die Gefährten versammelt habe." Während Äneas in schnellem Lauf auf die Straße eilt, sagt Großvater Anchises: „Höre, Junge: Grund des Krieges war das Unrecht, das der Trojaner Paris einst begangen hat. Diesen hatte Menelaos, ein mächtiger König Griechenlands, zum Gastmahl geladen. Es steht fest, dass Paris dort zum ersten Mal Helena, die schöne Ehefrau des Menelaos, gesehen hat. Die Gäste spürten, dass die Flammen der Liebe den jungen Mann sofort erfasst haben. Daher führte Paris die Helena über das Meer in die Stadt Troja. Ehemann Menelaos hielt das Unrecht nicht aus. Sofort versammelte er die adligen Männer Griechenlands, erzählte das Unrecht des trojanischen Jünglings und kam mit einer gewaltigen Flotte an unsere Küsten. Anfangs versuchten die Griechen vergeblich, unsere Stadt zu erobern. Jetzt aber ist das große Troja gefallen. Es ist bekannt, dass die Göttin Juno sich über den Fall Trojas freut: Denn Paris hatte sie einst verletzt, weil er in einem Schönheitswettbewerb weder der Juno noch der Minerva, sondern der Göttin Venus den Sieg zugestanden hatte. Wir wissen, dass die Göttin Juno seit dieser Zeit eine Feindin Trojas und der Trojaner ist."

29 „Wie glücklich waren wir! Die Tore der Stadt werden geöffnet, von allen Seiten ergießt sich eine Menge von Menschen an die Küsten. Dort sehen wir Waffen und Kleidungen, die die Griechen hinterlassen haben, wir zeigen den Ort, wo sich die griechische Flotte befand. Schließlich kommt ein riesiges Pferd aus Holz in unser Blickfeld. Die einen wollen, dass das Pferd in die Stadt gezogen wird, die anderen befehlen, dass es mit Flammen verbrannt wird, als Laokoon plötzlich mit lauter Stimme ruft: ‚O ihr Unglücklichen! Glaubt ihr, dass uns von den Griechen ein Geschenk hinterlassen wird? Dieses Pferd wird unser Untergang sein. Habt ihr Odysseus nicht kennengelernt? Ich fürchte die Listen der Griechen.' (...)
Sieh da, plötzlich wird ein griechischer Jüngling zu Priamos, unserem König, geführt. Von allen Seiten wird er von Trojanern umringt. Priamos fragt ihn: ‚Wer bist du?' Dieser antwortet: ‚Ich werde Sinon genannt. Hört mein unglückliches Schicksal an! Weil wir zehn Jahre lang vergeblich vor Troja gekämpft haben, haben wir beschlossen, endlich die Heimat aufzusuchen. Aber die Winde waren nicht günstig. Wir erkannten, dass sich der Himmel nicht verändert. Da befahl der grausame Odysseus, dass ich für das gemeinsame Wohl auf einem Altar getötet werde. Er behauptete, dass die Götter durch dieses Opfer erfreut würden. Sofort ergriffen mich seine Gefährten und fesselten mich. Nachts aber habe ich mich aus den Fesseln befreit und bin den Wächtern entkommen. Am nächsten Tag sah ich aus der Ferne, dass von den Gefährten ein riesiges Pferd an den Wogen des Meeres erbaut wurde. Nachdem sie das Geschenk vollendet hatten, haben sie eure Küste mit den Schiffen verlassen. Ich bitte euch: Gesteht mir das Leben zu! Werdet ihr nicht von meinem traurigen Fall gerührt?' König Priamos antwortete: ‚Leg die Angst ab, junger Mann! Es ist nicht mehr nötig, Tränen zu vergießen. Bei uns bist du sicher und wirst nicht getötet. Aber sag: Warum haben die Griechen das Pferd gebaut?' Da sagte Sinon, dass die Griechen dies Geschenk der Göttin

Minerva geschenkt haben. Wir hören dem jungen Mann zu, als wir plötzlich von einem lauten Schrei erschreckt werden. Wir sehen zwei gewaltige Schlangen aus dem Meer zur Küste kommen, und sehen mit an, wie Laokoon mit seinen beiden Söhnen von den beiden ergriffen und auf grausame Weise getötet wird. Wir meinen, dass die Götter den Laokoon gestraft haben, weil er das Geschenk der Minerva mit einem Geschoss verletzt hatte. Wir werden von großer Angst beunruhigt, das Pferd wird sofort in die Stadt gezogen. Heute weiß ich, dass Griechen sich in dessen Körper befanden, dass sie nachts aus dem Pferd herabgestiegen sind und die Tore Trojas geöffnet haben. Wir werden nicht durch die Tapferkeit, sondern durch die List der Griechen besiegt."

30 Äneas sagt: „Ich melde euch traurige Dinge, durch die ich erschreckt wurde. In der Stadt werden Häuser, Tempel und Marktplätze von den Landesfeinden angezündet, Standbilder der Götter entehrt, Menschen getötet. Von allen Seiten Schreie, Flammen und Verderben! Die Körper der Bürger liegen auf allen Straßen, der Königspalast wird von einem gewaltigen Brand zerstört. Auch Priamos, der gute König, starb durch die Hände der Feinde. Wir werden nicht wohlbehalten bleiben, wir werden nicht vor dem Tod errettet werden. Entweder werden wir den Griechen entkommen oder auf ähnliche Weise getötet werden." Großvater Anchises sagte: „Eile mit Ehefrau Kreusa und deinem Sohn aus der Stadt! Ich bin ein alter Mann, ich habe keine starken Füße mehr. Lasst mich bitte zurück! Ich will in der Heimat sterben." Äneas sagte: „Wir werden niemals ohne dich weggehen. Du wirst auf meinen Schultern aus der Stadt getragen werden, Vater. Du, Ehefrau Kreusa, wirst unseren Julus mit dir außerhalb der Mauern herausführen. Uns wird eine gemeinsame Gefahr beschieden sein." Anchises zögerte lange. Plötzlich aber sah er Flammen, mit denen das Haupt des Julus umgeben wurde. Da sagte der Großvater mit fröhlicher Stimme: „Das ist ein glückliches Vorzeichen: Wir werden bestimmt von den Göttern errettet. Nun werde ich mit euch kommen, weil die Götter es wollen." Äneas trug den Anchises auf den Schultern, an der rechten Hand führte er den kleinen Julus mit sich. Hinter ihnen verließ Ehefrau Kreusa das Haus. In der Dunkelheit der Nacht kamen sie mitten durch die Truppen der Feinde hindurch zu diesem Ort, wo sie schon lange von den Gefährten erwartet wurden. Da fragte einer von den Gefährten den Äneas: „Wo ist Kreusa?" Tatsächlich war die Ehefrau nicht mehr da. Zuerst ergriff großer Schmerz den Äneas, dann entflammte ihn ein gewaltiger Hass: „Ihr werdet heftig bestraft werden, ihr grausamen Feinde! Ihr habt meine Heimat zerstört, ihr habt meine Ehefrau geraubt. Ich werde Troja ein zweites Mal betreten und Kreusa suchen. Hört, Gefährten: Ich werde von keinem davon abgehalten werden." Tatsächlich eilte Äneas durch die Straßen Trojas, rief den Namen Kreusas, schaute hier- und dorthin, verlor fast den Mut, als plötzlich der Schatten seiner Ehefrau dem Äneas begegnete: „Höre auf, Tränen zu vergießen, guter Ehemann! Der Gott Jupiter hat mir nicht erlaubt, mit dir Troja zu verlassen, aber er hat mir erlaubt, dir die Zukunft zu offenbaren: Du wirst durch weite Meere segeln, bis du in Italien, der neuen Heimat, angekommen bist. Dort werden dir sowohl ein Königreich als auch eine neue Ehefrau gegeben werden. Ich erbitte nur dies eine von dir: Kümmere dich immer um unseren Sohn um unserer Liebe willen!" Mit diesen Worten ließ Kreusa den traurigen Äneas zurück. Äneas versuchte vergeblich, diese zu berühren, endlich eilte er zu seinem Sohn, zu seinem Vater und den Gefährten.

31 Äneas schaute mit trauriger Miene auf Troja zurück: „Unsere Stadt ist erobert und zerstört worden. Daher ist es notwendig, die Heimat zu verlassen. Mit unseren Schiffen werden wir Italien suchen, das Kreusa mir genannt hat." Tatsächlich war wenig später die alte Heimat Troja zurückgelassen worden. Die Trojaner waren schon viele Tage über das weite Meer gesegelt, als sie plötzlich am Strand einer schönen Insel viele Rinder sahen. Nachdem sie dorthin gekommen waren, sind einige Rinder gefangen und getötet worden. Dann wurden die Tiere zu einer Mahlzeit zubereitet. Die Trojaner saßen mit großer Fröhlichkeit am Strand und freuten sich über die Speisen, als sie plötzlich von einer gewaltigen Anzahl von Vögeln erschreckt worden sind. Zuerst schwebten die Vögel in der Luft, dann rissen sie in schnellem Sturzflug (Angriff) die Speisen aus den Händen der Trojaner. Niemals waren derartige Tiere erblickt worden: Sie hatten Federn, Flügel und die Körper von Vögeln, aber sie besaßen die Köpfe junger Frauen! Sofort rief Äneas: „Ergreift die Waffen und verteidigt euch! Wenn die Vögel von euch verletzt worden sind, werden sie gewiss aufhören, uns anzugreifen." Tatsächlich sind die Vögel zuerst durch die Geschosse der Trojaner aufgehalten worden. Nach kurzer Zeit aber konnten die schrecklichen Tiere nicht mehr abgewehrt werden. Es steht fest, dass die Insel von den Trojanern verlassen worden ist. Anders nämlich gab es keine Rettung. Nachdem die Trojaner die Insel Kreta und die Küste Griechenlands erreicht hatten, kam man nach Sizilien. Sie ruhten an der Küste aus, als plötzlich ein Mann aus den Wäldern hervorkam und mit den Händen Zeichen gab. Zuerst lief er, dann zögerte er näherzukommen. Er erkante nämlich, dass ihm Trojaner begegnet waren – und die Trojaner erkannten, dass dieser ein Grieche war. Dennoch trat der Mann hinzu. Dann hörte man seine unglückliche Stimme: „Erlaubt mir mit euch zu segeln und dieser scheußlichen Insel zu entkommen, Trojaner! Ich gebe zu, dass ich ein Landesfeind gewesen bin, ich gebe zu, dass ich vor den Mauern Trojas gegen euch gekämpft habe. Werft mich in die Wogen des Meeres, wenn ihr wollt! Denn ich will durch die Hände von Menschen getötet werden, nicht durch die Grausamkeit eines Ungeheuers. Wisst, dass hier ein grausiges Ungeheuer lebt!" Die Trojaner verstanden zuerst den Sinn dieser Worte nicht. Deshalb glaubten sie, dass dem Mann der Verstand fehle. Anchises aber fragte den jungen Mann mit freundlichem Gesichtsausdruck: „Wer bist du?" Dieser antwortete: „Ich bin Achaemenides, einst ein Gefährte des Odysseus. Nach dem Untergang Trojas sind wir durch einen heftigen Orkan an diese Insel geschleudert worden und ..." Mehr konnte er nicht sagen – denn er ist von bitterem Schmerz bewegt worden.

32 Der alte Anchises streckte dem jungen Mann die rechte Hand hin: „Ich fühle, dass du von einem großen Übel gequält wirst. Sprich dennoch über das Unglück, durch das du niedergedrückt wirst!" Der junge Mann ist durch diese Worte gestärkt worden; deshalb fuhr er fort zu erzählen: „Weil wir lange nichts gegessen hatten, suchten wir Nahrungsmittel. Nach kurzer Zeit ist von uns eine geräumige Höhle gefunden worden. In der Höhle haben wir verschiedene Früchte erblickt, haben uns hingesetzt und gegessen. Plötzlich sind wir von einem gewaltigen Schrei erschreckt worden – ein riesiges Tier betrat die Höhle. Mitten auf der Stirn befand sich ein Auge. Dies war der Kyklop Polyphem. Ich sah, wie Polyphem zwei Gefährten mit seinen großen Pranken packte, an die Steine schlug und schließlich verschlang. Wenig später sind wiederum zwei Gefährten von ihm gepackt, in die Höhe gehoben und ebenso getötet worden. Anchises sagte: „Warum habt ihr nicht versucht, diesem zu entkommen?" Achaemenides antwortete: „Von Polyphem war ein großer Felsblock vor den Eingang der Höhle gewälzt worden, der von uns nicht bewegt werden konnte. Aber wir sind durch die List des Odysseus befreit worden. Dieser gab dem Kyklopen immer wieder Wein. Nachdem Polyphem den guten Wein getrunken hatte, gab er sich tiefem Schlaf hin. Hierauf hoben wir auf Befehl des Odysseus einen riesigen Pfahl auf, den wir in der Höhle gefunden hatten und bewegten ihn auf den Kyklopen zu. Mit ungeheurer Wucht haben wir das riesige Auge zerstört. Der Kyklop schrie wie ein Stier, den ..." Mehr konnte er nicht berichten – denn alle sind von einem Krachen der Bäume erschreckt worden, die die übrigen Kyklopen unter ihren großen Füßen zerbrachen. Achaemenides sagte: „Pst! Es sind die Brüder Polyphems. Sie suchen mich, sie werden in kurzer Zeit da sein. Entkommt zu den Schiffen!" Während er dies mit großer Furcht sagte, trat der gewaltige Kyklop hervor, dem das Auge von Odysseus weggenommen worden war. Mit schrecklicher Stimme rief er: „Wo seid ihr? Wenn ihr von meiner rechten Hand gepackt worden seid, werdet ihr getötet und gefressen werden. Ihr werdet mir niemals entkommen." Die Trojaner eilten mit dem griechischen Mann zu den Schiffen. Bald blickten sie vom Meer aus an die Küste zurück. Sie sahen hundert Kyklopen mit feindlichen Mienen an der Küste stehen. Diese hoben gewaltige Felsblöcke hoch und warfen sie auf die Schiffe. Auf der rechten und linken Seite der Schiffe fielen die Felsblöcke in die Wellen. Endlich entkam die kleine Flotte des Äneas der Gefahr.

33 Aber für die Trojaner gab es kein Ende der Leiden. Kaum waren sie von den Kyklopen errettet worden, als der alte Mann Anchises starb. Äneas, vom Tode des Vaters bewegt, sprach viele Tage hindurch nichts, er aß nichts, er stand mit traurigem Gesichtsausdruck auf dem Schiff. Plötzlich ist ein gewaltiger Sturm entfesselt worden. Der Himmel war schwarz, das Meer ist von wilden Wogen aufgewühlt worden. Manche Schiffe werden von den Winden an spitze Klippen gestoßen und (auseinander)gebrochen. Viele Trojaner, von gewaltigen Winden ergriffen, werden ins Meer gerollt. Sobald Äneas die vom Sturm beschädigte Flotte sah, streckte er die Hände zum Himmel aus und rief mit lauter Stimme : „O ihr Glücklichen, denen die Götter erlaubt haben, vor den Augen der Väter bei den Mauern Trojas zu fallen! Warum liege ich nicht vor den Mauern der Stadt, wo unsere vortrefflichen Soldaten gefallen sind? Von einem traurigen Schicksal getäuscht will ich nicht mehr leben. „Während Vater Äneas an der Rettung zweifelte, spürte Sohn Julus, dass der Grund des Sturmes der Zorn der Juno war. Tatsächlich war Juno zu Äolus, dem Herrn der Winde, gekommen und hatte mit lieblicher Stimme gesagt: „Äolus, ich sehe, dass die mir feindlichen Trojaner in sicherem Kurs über die Meere segeln. Zerbrich mit gewaltigen Winden die Flotte des Äneas, weil der Vater der Götter und Menschen dir erlaubt hat, das Meer mit der Gewalt der Winde durcheinanderzubringen. Wenn du das vollendet hast, werde ich dir eine schöne junge Frau geben." Äolus, von großer Fröhlichkeit ergriffen, hat die Winde sofort zusammengerufen. Nachdem Neptun bemerkte, dass das Meer, sein Königreich, von den Winden allzu sehr aufgewühlt wurde, hob er sein riesiges Haupt aus den Wellen und sah, dass beinahe die gesamte Flotte des Äneas zerstört war. Deshalb schrie er von heftigem Zorn bewegt: „Gebt Ruhe, ihr dummen Winde! Wann habe ich euch erlaubt, so viele Wellen zu erregen? Erinnert ihr euch nicht, dass ich der mächtige König des Meeres bin? Keinem außer mir gehorchen die Wellen, die Winde, der Himmel." Sobald Neptun diese Worte sprach, entflohen die Winde, schien (brannte) die Sonne und begannen die Meere ruhig dazuliegen. Obwohl die Schiffe durch den Sturm zerstört waren, gelangten sie dennoch an die Küsten Libyens. Dort bestärkte Äneas den Mut

der Gefährten so: „O Gefährten, die guten Götter werden unseren Übeln gewiss ein Ende setzen. Durch verschiedene Unglücksfälle, durch viele Gefahren werden wir nach Italien, unserer neue Heimat, kommen. Also ist es nicht nötig, den Mut zu verlieren. Glaubt mir: Unsere Zukunft wird glücklich sein.“

34 Während Jupiter bei Tagesanbruch vom hohen Himmel aus weite Meere, langgestreckte Küsten und verschiedene Völker sah, trat die Göttin Venus herbei, die Tränen vergoß: „O Vater, der du allein die Angelegenheiten der Menschen und Götter leitest, warum hältst du die Trojaner, warum hältst du meinen Äneas, der dir immer gehorcht, von der neuen Heimat so lange fern? Ich erinnere mich gut, was du versprochen hast: „Die Trojaner werden die Herren der Welt sein, sie werden zu Lande und zu Wasser allen Völkern befehlen.“ Warum wahrst du nicht die Treue, Vater, warum erhörst du meine Bitten nicht? Nach dem traurigen Untergang Trojas, nach so vielen Unglücksfällen habe ich geglaubt, dass endlich ein glückliches Schicksal auf die Trojaner wartet. Aber diese, die so sehr auf ein gutes Glück hoffen, sind von dir immer wieder vernachlässigt worden. Nicht immer wollen wir den Zorn der Juno fürchten. Es ist schändlich, dass meine Trojaner immer im Unglück sind. Wann wirst du ein Ende der Gefahren setzen, großer König?“ Jupiter berührte zuerst die Schulter der Venus, dann antwortete er lachend: „Leg die Furcht ab, Tochter. Das Schicksal deiner Leute wird nicht verändert. Die Trojaner, die eine neue Heimat aufsuchen, werden sehen, dass Äneas eine Stadt gründet. Du wirst mit großer Freude sehen, dass er in den Himmel erhoben wird. Ich werde dir die Zukunft zeigen: Äneas und sein Sohn Julus werden die großen Herren einer mächtigen Stadt sein, die die Menschen des gesamten Erdkreises Rom nennen werden. Ich habe den Römern eine Herrschaft ohne Begrenzung gegeben. Nicht einmal Juno, die bisher das Verderben der Trojaner in ihrem Gemüt erwägt, wird meinem Plan Widerstand leisten, im Gegenteil wird sie mit mir das künftige Volk bewahren. Vortreffliche Zeiten werden dann kommen, Friede wird auf der Welt sein. Die Furie des Krieges wird vergeblich versuchen, die sich über den Frieden freuenden Völker zu Kämpfen zu bewegen.“ Venus ging mit fröhlicher Miene weg. Dann rief Jupiter Merkur, den Götterboten, zu sich.

35 Äneas und Achates kamen bald in einen riesigen Wald. Sieh da! Plötzlich stand vor ihnen eine schöne junge Frau, von deren Schultern ein Bogen hing. Äneas fragte sie: „Wer bist du? Du hast keinen menschlichen Gesichtsausdruck: Ich halte dich für eine Göttin. Sag uns bitte: Wo sind wir?“ Tatsächlich war die junge Frau Venus, die Mutter des Äneas. Aber sie wollte vom Sohn nicht erkannt werden. Also sagte sie: „Ich danke dir, weil du mich eine Göttin nennst. Ich bin aber eine Jägerin – und ihr befindet euch jetzt im Gebiet der Karthager. Deren Königin ist Dido. Diese hat vor wenigen Monaten eine neue Stadt gegründet, die alle Karthago nennen. Aber woher kommt ihr? Wohin eilt ihr?“ Äneas antwortete mit trauriger Stimme: „Wir haben eine große Reise von Troja hierher gemacht. Ich bin Äneas, der nach dem Untergang Trojas eine neue Heimat sucht. Aber unsere Reise ist durch heftige Winde behindert worden.“ Obwohl Mutter Venus von großem Schmerz bewegt war, zeigte sie dennoch nicht, dass sie traurig war. „Eilt in schnellem Lauf zu Königin Dido! In Karthago werdet ihr die im Sturm verlorengegangenen Gefährten wiederfinden.“ Sobald die junge Frau sich umwandte, erkannte Äneas, dass es seine Mutter war. Er fragte sie: „Warum täuschst du mich so sehr? Ich habe dich immer für eine gute Mutter gehalten. Warum darf ich dich nicht berühren?“ Aber Venus war schon aus dem Blickfeld entschwunden. Wenig

später sahen Äneas und Achates von einem hohen Berg aus die Stadt Karthago. Dort stellten Scharen von Männern an vielen Plätzen Befestigungsanlagen und Mauern auf. Nach kurzer Zeit waren Äneas und Achates in die Stadt herabgestiegen. Tatsächlich sahen sie dort die im Sturm verlorenen Gefährten, wie Mutter Venus gesagt hatte. Einer von diesen, der alte Mann Ilioneus, bat die Königin Dido: „Höre, Königin! Wir sind unglückliche Trojaner, die eine Reise von vielen Jahren über das Meer unternommen haben. Anführer war uns Äneas, ein Mann von großer Tapferkeit – aber er ist durch die Gewalt der Winde geraubt worden. Ich bitte dich: Komm uns und unseren durch den Sturm beschädigten Schiffen zur Hilfe!" Äneas hörte die Königin antworten: „Seid gegrüßt, tapfere Trojaner! Ich habe schon vom Untergang Trojas und von Äneas, einem Anführer von vortrefflicher Tugend, gehört. Wollt ihr euch nicht in meiner Stadt niederlassen? Ihr werdet Bürger in einem gemeinsamen Staat genannt werden, ich werde euch zu Bundesgenossen machen. Wenn Äneas hierher kommt, werde ich ihm öffentliche Ehrenämter geben." Durch diese Worte bestärkt zeigte sich Äneas auf der Stelle: „Ich bin da, den ihr sucht, der Trojaner Äneas, errettet aus dem wilden Meer. Die Götter werden dich mit großen Belohnungen bedenken, Dido, weil du nicht gezögert hast, meinen Gefährten zu Hilfe zu kommen. Alle Jahrhunderte hindurch wird dein Name auf dem gesamten Erdkreis überdauern." Dido antwortete, von Liebe bewegt: „Bist du Äneas, den die Göttin Venus geboren hat, den die Gefährten als tapfer bezeichnen? Suchst du etwa eine neue Heimat? Du wirst mit mir einen gemeinsamen Staat gründen, wenn du willst. Tritt heran und betritt unsere Häuser! Ich werde dir und deinen Leuten ein vortreffliches Gastmahl bereiten."

36 Am nächsten Tag stand das helle Licht der Sonne am Himmel, als Dido zur Schwester sagte: „Schwester Anna, weil ich durch verschiedene Sorgen beunruhigt war, konnte ich nicht schlafen. Wie kräftige Schultern der neue Gast hat! Wie viele großartige Geschichten hat er erzählt! Obwohl er durch so viele Gefahren eingeschüchtert worden ist, hat er dennoch keinswegs den Mut verloren. Dir gestehe ich, dass ich nach dem Tod des Ehemannes wiederum von Liebe ergriffen worden bin." Weil sie von großem Schmerz ergriffen wurde, vergoss sie sofort Tränen. Aber Anna stärkte mit lieblichen Worten das Gemüt der Dido: „Niemand wird dich tadeln, dass du von einer neuen Liebe ergriffen bist. Ich freilich freue mich, dass du Äneas liebst, einen tapferen und berühmten Mann. Wenn du ihn heiratest, werden wir sicher sein vor den mächtigen Befehlshabern Libyens, die uns von allen Seiten umzingeln." Die unglückliche Dido isst viele Tage lang nichts mehr und schläft auch nicht mehr. Immer wieder will sie mit Äneas zusammenkommen. Nicht mehr kümmert sie sich um die Stadt, die mit so vielen Mühen gegründet worden war. Tempel werden nicht vollendet. Türme nicht mehr errichtet, von den Männern verlassen liegen die Mauern da. Auch Äneas, der von Liebe zur Königin ergriffen ist, erinnert sich nicht mehr an Italien. Fälschlich glaubt er, dass er in Karthago die neue Heimat gefunden hat. Indem er sich angenehmer Ruhe hingibt, sorgt er sich um nichts mehr. Durch alle Gebiete Libyens hin wird gemeldet, dass die schöne Königin den Trojaner Äneas geheiratet hat und beide in schändlicher Liebe ergriffen das Wohl der Bürger vernachlässigen. Iarbas, einer der Könige Libyens, hatte einen vortrefflichen Tempel zu Ehren Jupiters erbaut. Nachdem er gehört hatte, dass Dido einen anderen Mann geheiratet hat, eilte er von Zorn bewegt in den Jupitertempel und sagte, wobei er den Altar hielt: „Mächtiger Jupiter, siehst du etwa nicht das Unrecht? Ich habe der Dido, die vor kurzem aus ihrer Heimat kommend unsere Gebiete aufsuchte, weite Äcker gegeben. Sie vernachlässigt mich nicht nur, sondern

 FELIX

teilt auch mit einem neuen Herrn das Königreich. Dido liebt den Trojaner Äneas, den ich nicht für einen echten Mann halte. Warum hilfst du mir nicht? Oder habe ich dir vergeblich nach alter Sitte schönes Vieh geschenkt?" Nachdem Jupiter dies gehört hatte, rief er sofort den Merkur: „Fliege mit schnellen Flügeln zu Äneas, der sich in Karthago ausruhend nicht mehr um Italien, seine neue Heimat, kümmert. Melde ihm meinen Befehl: Er muss sofort mit den Gefährten nach Italien fortfahren und die Königin verlassen." Wenig später sieht der Götterbote, wie Äneas mitten in der Stadt Mauern errichtet und sagt: „Baust du etwa jetzt die hohen Mauern Karthagos auf? Kommt dir etwa nicht Italien, die neue Heimat, in den Sinn? Der König der Götter hat mich hierher geschickt. Jupiter fragt dich: Was treibst du? Warum bleibst du so lange in Libyen? Berücksichtige deinen Sohn, dem das Königreich Italiens geschuldet wird!" Nach diesen Worten entschwand Merkur.

37 Die Königin aber spürte den Schmerz des Äneas. Wer nämlich kann eine liebende Frau täuschen? Jene, von großem Schmerz aufgewühlt, trifft den Äneas und fragt ihn mit feindlicher Stimme: „Hast du gehofft, du Verbrecher, dass du ein solches Verbrechen begehen und heimlich von meinem Land weggehen kannst? Hält dich etwa nicht unsere Liebe zurück? Fliehst du etwa mich? Ich bitte dich: Bleib! Ich werde dich Gast, nicht mehr Ehemann nennen. Die mächtigen Könige Libyens richten ihre feindseligen Augen auf diesen Ort. Willst du, dass König Iarbas Karthago erobert und mich raubt?" Obwohl Äneas von diesen bitteren Worten bewegt war, sagte er dennoch Folgendes: „Niemals wollte ich dich täuschen, Königin, niemals habe ich mich für deinen Ehemann gehalten. Der von Jupiter geschickte Merkur hat mir die Befehle gegeben. Mit diesen Worten habe ich dessen Stimme vernommen. Ich schulde dem Julus, meinem Sohn, jene neue Heimat. Hör auf, mich mit Vorwürfen zu quälen: Ich werde dich nicht gern verlassen." Dido betrachtete jenen, der solche Worte sprach, lange, dann schrie sie von heftigem Zorn bewegt: „Weder Venus noch Vater Anchises, sondern wilde Tiere haben dich unter harten Felsen zur Welt gebracht. Bist du etwa durch diese Tränen bewegt worden? Hast du selbst Tränen vergossen? Du hast gewiss die Treue verletzt: Ich habe dich gerettet und deine Leute, als ihr aus der Heimat vertrieben und über die Meere geschleudert worden wart. Und nun behauptest du, du müsstest auf Befehl der Götter Karthago verlassen? Sprechen so die Götter Recht? Ich kann dich nicht festhalten. Verschwinde und suche dir über die Wellen hin neue Königreiche! Aber ich wünsche mir, dass deine Flotte wiederum beschädigt wird und du vergeblich den Namen und die Hilfe Didos rufst. Du stehst in der Schuld, du wirst vor Gericht gerufen werden, du wirst bestraft werden. Du bist nämlich der Verursacher meines Todes!" Jener, von großem Schmerz ergriffen, zögerte lange, endlich befahl er, dass die Flotte vorbereitet wird. Dido hatte inzwischen diesen grausigen Plan gefasst: „Süßer Tod, befreie mich von diesem grausamen Schmerz! Ich habe gelebt und jenen Lebenslauf vollendet, den das Schicksal mir gab: Ich habe eine vortreffliche Stadt gegründet und habe meine (eigenen) Mauern gesehen. Ich war allzu glücklich, bis Äneas an meine Küsten kam." Kaum hatte sie diese Worte gesagt, als sie sich mit einem Schwert tötete. Schwester Anna weinte und rief, wobei sie sich an die Brust schlug: „Du hast dich und mich umgebracht, Schwester, dein Volk und deine Stadt." Dann brach sie über dem Körper der Königin zusammen.

38 a) Äneas sagte zu den an der Küste versammelten Gefährten Folgendes: „Ich weiß, dass ihr alle meinen verstorbenen Vater sehr geschätzt habt. Deshalb werden wir dem Vater geweihte Wettkämpfe veranstalten. Dann ging er zu dem Platz, wo der Körper des Vaters in der Erde begraben worden war: „Sei gegrüßt, Schatten des Vaters! Dir ist es nicht erlaubt gewesen, mit mir die neue Heimat zu suchen. Aber du wirst mir stets viel wert sein. Öffentliche Spiele werden deine Ehre vermehren." Endlich war der Tag der Spiele da. Sowohl die Sizilianer wie die Trojaner sahen sich mit großer Freude die Spiele an. Schon waren drei Wettkämpfe vollendet, als König Äneas mit diesen Worten den vierten Wettkampf ankündigte: „Schweigt bitte, und seht diesen wunderbaren Stier! Ihn wird derjenige erhalten, der einen anderen starken Mann mit den Fäusten besiegen wird." Die Trojaner forderten mit großem Geschrei den Dares, einen starken jungen Mann. Jener zeigte sofort seine breiten Schultern. Dann rief er mit hochmütiger Stimme: „Wer will mit mir kämpfen?" Keiner aus der großen Menge wollte gegen den Jüngling kämpfen. Da versuchten die Sizilianer den alten Mann Entellus mit diesen Worten zum Kampf zu bewegen: „Höre, Entellus, du tapferer und von uns hoch geschätzter Mann. Willst du etwa dem hochmütigen Jüngling weichen? Wird jener ohne Kampf diesen schönen Preis erhalten? Schätzt du deine Kraft für so gering ein? Wo ist deine Tapferkeit?" Entellus antwortete: „Ich habe nicht mehr diese Kraft, die ich einst hatte. Tapferkeit aber fehlt mir nicht. Also werde ich kämpfen." Sobald Äneas das Zeichen gab, schlug Dares mit harten Fäusten an die Schultern und die Brust des Entellus. Obwohl dem alten Mann bald die Kraft und der Atem fehlte, hörte er nicht auf zu kämpfen. Plötzlich aber fiel er zu Boden. Sofort erhob er sich und von Zorn entflammt schlug er den Dares bald mit der rechten, bald mit der linken Faust. Der junge Mann konnte sich, verwirrt von der wundersamen Kraft des Alten, nicht mehr verteidigen. Sobald Äneas den Jüngling durch verschiedene Wunden verletzt sah, setzte er dem Kampf ein Ende und überreichte dem Entellus den Preis.

38 b) Iris versucht die Frauen zu dem Verbrechen zu bewegen: „O wir Elenden, zu Recht halten wir den Zorn nicht mehr zurück. Denn lange sind wir über das weite Meer gesegelt und haben vergeblich eine neue Heimat gesucht. Lange Jahre hindurch haben wir keine Ruhe. Wer kümmert sich um unser Wohl? Auf Sizilien werden wir endlich sicher sein, hier wird Acestes gut für uns sorgen. Was hindert uns, auf dieser Insel eine Stadt zu gründen und hier zu bleiben? Zündet mit mir die Schiffe an, die Gründe für unsere Übel! So werden wir den Gefahren des Meeres entkommen!" Sofort hatten die Frauen die gesamte Flotte angezündet. Die Trojaner rannten in schnellem Lauf zur Küste, als sie aus der Ferne die Flotte brennen sahen. Vergeblich versuchten sie den gewaltigen Brand zu löschen. Da reckte Äneas die Hände zum Himmel und erbat Hilfe: „Mächtiger Jupiter, wenn du dich um das Volk der Trojaner kümmerst, wehre die Flammen von den Schiffen ab und bewahre unsere einzige Hoffnung!" Kaum hatte er dies gesagt, als vom Himmel ungeheure Wassermassen gesandt wurden. Dennoch konnten einige Schiffe nicht mehr wiederhergestellt werden. Der Gefährte Nautes spürte, dass Äneas ohne Plan war. Daher bekräftigte er dessen Gemüt so: „Befrage Acestes, den freundlichen Gastgeber! Überzeuge ihn, eine neue Stadt zu gründen, der er vorstehen wird! Acestes wird gewiss die alten Männer und Mütter, die das Meer fürchten, in jener Stadt aufnehmen. Diese Stadt werden die Nachkommen Acesta nennen." In dieser Nacht begegnete Vater Anchises dem schlafenden Äneas: „Sohn, ich komme auf Befehl des Jupiter hierher. Sammle junge tapfere Männer und fahre mit ihnen nach Italien fort! Dort steige zuerst in die Unterwelt hinab! Ich werde dich

dort erwarten und dir die Zukunft eröffnen. Leb wohl!" Am nächsten Tag eröffnete Äneas den Gefährten die Befehle Jupiters und die Worte des Vaters. Die Pläne gefielen allen. Währen die einen die Mauern der künftigen Stadt erbauten, bereiteten die anderen die Schiffe vor. Endlich war der Tag da, als es notwendig war, abzureisen. Viele Menschen standen an der Küste, hielten die Tränen nicht zurück und sahen lange der von Sizilien scheidenden Flotte nach.

39 Schweigend gingen sie durch das Reich der Toten. Plötzlich ist Äneas von seltsamen Schattenbildern erschreckt worden. Von Furcht befallen packte er seine Waffe und begann fast einen Kampf. Nach kurzer Zeit gelangten sie an die Wogen des Styx. Dort stand eine gewaltige Anzahl vom Schatten am Ufer. Diese streckten ihre Hände zu einem alten Mann aus, der ein kleines Schiff durch die Wellen lenkte. Äneas fragte die Sibylle: „Wer ist jener, den die Schatten der Toten so ersehnen ?" – „Jener alte Mann wird Charon genannt. Er bringt die Glücklichen, die nach dem Tod in der Erde bestattet worden sind, an das andere Ufer. Die Unglücklichen aber müssen hundert Jahre am Ufer warten. Nach jener Zeit endlich werden sie den Styx überqueren." Als Charon merkte, dass lebende Menschen ihn besuchten, rief er mit feindseliger Stimme: „Was wollt ihr? Hier ist der Platz für die Schatten! Kehrt dorthin zurück, woher ihr gekommen seid! Die Götter haben mir nicht erlaubt, Menschen über die Wogen des Styx zu bringen." Da zeigte die Sibylle dem alten Mann den goldenen Zweig, den sie unter dem Kleid verborgen hatte. Sofort wich Charon zur Seite, Äneas und die Sibylle bestiegen das Schiff. Wenig später standen sie am anderen Ufer und liefen weiter. Sie waren im Gebiet derjenigen, die den traurigen Plan gefasst hatten, durch die eigene Hand umzukommen. Die Schatten der Unglücklichen gingen durch einen schwarzen Wald. Unter ihnen befand sich auch die unglückliche Dido. Sobald Äneas sie durch die Dunkelheit hindurch erkannte, vergoß er Tränen und von süßer Liebe bewegt sagte er: „Unglückliche Dido, ich bin traurig, weil ich weiß, dass du von deiner eigenen Hand gestorben bist. Bin ich etwa der Grund deines Todes gewesen? Glaub mir, auf Befehl der Götter bin ich von deiner Küste gewichen. Nun zwingen mich die Befehle der Götter diese Gegenden aufzusuchen. Niemals habe ich geglaubt, dass ich dir einen so ungeheuren Schmerz bereiten würde. Bleib, bitte! Warum fliehst du vor mir?" Dido ist durch diese Rede auf keine Weise bewegt worden. Ihre Miene blieb so hart wie ein schroffer Fels. In schnellem Schritt ging sie in den Wald weg, wo ihr Ehemann Sychaeus sie empfing. Äneas blickte traurig lange der weggehenden Königin nach.

40 Äneas erblickte unter den glücklichen Schatten plötzlich Anchises selbst und rief mit lauter Stimme: „Sei gegrüßt, Vater! Weil du mir selbst im Traum begegnet bist, bin ich hierher gekommen! Gib mir die rechte Hand, bitte!" Aber der Schatten, einem Windhauch gleich, entkam der Hand des Äneas. Schließlich sagte Anchises: „Ich freue mich, dass du endlich zu mir gekommen bist, Sohn. Ich weiß, dass du über die Meere geworfen und von größter Not unterdrückt worden bist. Bald aber wird dein Leben und das deiner Leute glücklich sein. Nun werde ich dir die künftigen Jahrhunderte zeigen. Siehst du den langen Zug der Männer? Diese sind deine Nachkommen, die den Ruhm unseres Geschlechts bis zum Himmel tragen werden. Schau! Der junge Mann, den du inmitten der Schar erkennst, ist dein Sohn. Derselbe wird die Stadt Alba Longa erbauen. Seine Nachkommen werden den Ruhm deines Namens vergrößern. Sieh nun den Romulus selbst, einen Mann von großer Tugend! Ihm schließlich wird es erlaubt sein, Rom zu gründen. Dieselbe Stadt wird Hauptstadt der Welt sein. Die Römer, deine

Nachkommen, werden nicht nur über alle Völker gebieten, sondern auch dem Erdkreis Recht und Sitte geben. Denn ihr, Römer, werdet unterdrückte Landesfeinde verschonen und die Hochmütigen besiegen. Das Schicksal selbst wird euch immer beistehen. Sieh die nächsten Männer, die in der Stadt Rom Könige sein werden. Schau den Brutus, der hinter ihnen geht, der den Anschlägen des Königs Tarquinius Superbus ein Ende bereiten und den Staat befreien wird. Richte nun deine Augen dorthin, erblicke das Volk und die edlen Römer, die mit großer Sorgfalt die Stadt aus verschiedenen Gefahren erretten werden. Sieh! Endlich ist Kaiser Augustus da. Dieser Mann, der ist es, dessen Taten alle künftigen Jahrhunderte loben werden. Derselbe wird das Gebiet des Reiches vergrößern und der Welt den Frieden geben. Aber du selbst, Sohn Äneas, wirst grausame Kriege in Italien führen und viele Strapazen auf dich nehmen müssen, bis du ein hartes Volk besiegen wirst und dasselbe endlich mit den Trojanern zusammen zu einem gemeinsamen Volk zusammenführen wirst. Halte dies selbst immer im Gedächtnis: Das Glück unterstützt die Tüchtigen. Leb wohl!" Mit diesen Worten machte er der Rede ein Ende und verließ den im Gemüt gestärkten Sohn.

41 König Latinus sagte mit fröhlicher Miene Folgendes: „Holt den Äneas herbei, Boten, wenn ihr Gefährten genannt werden wollt! Vertrauen wird unter unseren Völkern sein, wenn ich die rechte Hand des Äneas berühren werde. Zögert nicht, ihm das Folgende zu vermelden: Ich werde auf Befehl eines Gottes meine Tochter zur Frau demjenigen Mann geben, der aus einem anderen Teil der Welt zu uns gekommen ist. Ich glaube, dass Äneas selbst dieser von dem Gott gesandte Ehemann ist." Juno erblickte all dies von hohem Himmel aus. Während sie den Äneas wohlbehalten und die Schiffe sicher an der Küste Italiens stehen sah, rief sie von Hass bewegt aus: „O ihr Trojaner, nicht einmal in den größten Unglücksfällen seid ihr zugrundegegangen. Ich, die große Ehefrau Jupiters, habe vergeblich das Meer, die Winde und den Himmel gegen euch in Gang gesetzt. Dennoch seid ihr über die Meere hierher hinübergeführt worden. Nun wollt ihr in Italien ein neues Reich gründen. Freu dich nicht allzu sehr, Äneas! Wenn es nicht möglich war, euch von Italien abzuwehren, wird es mir dennoch möglich sein, euch neue Feinde zu bereiten! Die Furie Allecto wird mir helfen." Juno holte diese grausige Göttin mit folgenden Worten herbei: „Komm zu Hilfe, Tochter der Nacht! Denn du hast tausend Listen, tausend Künste. Bringe den Frieden zwischen den Trojanern und Latinern durcheinander, der neulich geschlossen wurde, und bereite einen neuen Krieg! Zögere nicht!" Allecto flog mit schnellen Flügeln sofort nach Ardea. Mitten in der Nacht weckte sie mit dieser Äußerung den Turnus aus dem Schlaf: „Turnus, lässt du etwa zu, dass der Trojaner Äneas deine Lavinia raubt? Hole sie mit Gewalt zurück und kündige den Trojanern Krieg an! Oder willst du Lavinia verlieren und verlacht werden?" Durch diese Worte bewegt befahl Turnus sofort, dass die Waffen vorbereitet wurden. Es war Sitte, in der Zeit des Krieges die Tore des Marstempels zu öffnen. Also führte Turnus ein großes Heer zu König Latinus und sagte Folgendes mit ernster Miene: „Öffne die Tore des Tempels, König Latinus, und kündige mit diesem Zeichen den Trojanern den Krieg an!" Obwohl das Heer und der Zorn des Turnus gewaltig waren, ist der Sinn des Königs dennoch nicht verändert worden. Er berührte die Tore nicht einmal und ging schweigend in den Palast weg. Da flog Juno selbst von hohem Himmel herab und öffnete mit heftiger Gewalt die Tore des Tempels. Sofort forderten die Latiner Waffen und Pferde. Sie wollten lieber den traurigen Krieg als den süßen Frieden.

42 Am nächsten Tag segelten die Trojaner, wie es der Gott befohlen hatte, durch die Wellen des Tiber. Am selben Tag veranstaltete König Euander zufällig in einem dem Flusse nahegelegenen Wald Opfer. Junge und alte Männer verehrten demütig den Herkules. Der Jüngling Pallas, den Euander als einzigen Sohn hatte, erblickte als erster die Schiffe der Trojaner. Sofort eilte er zum Ufer und rief: „Männer, warum haltet ihr Kurs hierher? Woher kommt ihr?" Da antwortete Äneas so von hohem Schiffe aus: „Du siehst nicht irgendwelche Männer, sondern Trojaner, junger Mann! Wir suchen Bundesgenossen gegen Turnus und die Latiner, wir wollen mit Euander Freundschaft schließen." Sofort führte Pallas fröhlich den Äneas zu seinem Vater. Dort sagte Äneas: „Höchster König, gewiss weißt du genau, dass die Arkader und die Trojaner einen gemeinsamen Großvater haben. Wir sind seit den ersten Anfängen unserer Völker verwandt. Daher glaube nicht, dass ich falsche Dinge sage! Höre! Dasselbe Volk, das euch immer angreift, hat uns aus irgendeinem Grund den Krieg angesagt. Wenn nicht irgendeiner die Macht der Latiner beseitigen wird, werden sie als hochmütige Sieger ganz Italien verderben. Kämpfe mit uns gegen die Latiner! Wir haben mutige Herzen, außerdem kann ich als Feldherr sehr viele für Schlachten geeignete Männer zusammenrufen." So hatte er gesprochen. König Euander hatte die ganze Rede hindurch die Miene, die Augen und den Körper des Sprechenden betrachtet, dann fröhlich geantwortet: „Wie gerne ich dich erkenne, Äneas! Du bist mir bekannt: Auf wundersame Weise rufst du mir den Gesichtsausdruck, die Stimme und die Worte deines Vaters ins Gedächtnis zurück! Als junger Mann traf ich einst in Griechenland deinen Vater. Als Jüngling brannte ich darauf, den vortrefflichen Mann kennenzulernen und dessen rechte Hand zu berühren. Anchises gab mir damals dieses schöne Gewand, welches nun Pallas, mein Sohn, trägt. Gerne also werde ich euch unterstützen. Inzwischen aber bringt am Altar des Herkules Opfer dar, weil ihr hierher als Freunde gekommen seid!"

43 Turnus tötete so wild wie ein Wolf unter kleinen Schafen sehr viele Feinde, als mitten in der Schlacht plötzlich Pallas vor jenem stand. Pallas bat erschrocken den Herkules mit einem Gebet: „Gib mir so große Kraft, wie du sie selbst in Kämpfen hattest, Herkules! Dann werde ich Turnus gewiss besiegen." Pallas warf als erster ein Geschoss auf Turnus. Dieser aber wich dem Geschoss aus und lachte mit hochmütiger Miene: „Vergeblich versuchst du mich zu besiegen, Junge. Nun werde ich dir die Kraft eines echten Mannes zeigen." Mit diesen Worten warf er eine Waffe auf den jungen Mann, der sofort tot zu Boden sank. Während Turnus als Sieger den linken Fuß auf den Körper des Pallas setzte, sagte er: „Arkader, meldet dem König Euander, dass sein Sohn durch meine Hand getötet worden ist!" Mit diesen Worten raubte er den Waffengürtel des Pallas und hob ihn als Zeichen des Sieges empor. Kaum war der Tod des Pallas gemeldet worden, als Äneas ohne irgendein Zögern zu dessen Körper eilte. Von größtem Schmerz angetrieben sagte er unter Tränen: „O unglücklicher Junge, es ist meine Schuld, dass du tot in deine Heimat zurückkehrst. Ich habe diesen traurigen Ausgang nicht vorhergesehen, als ich von Vater Euander wegging. Armer alter Mann, du wirst den traurigen Tod des Sohne sehen, du wirst es mir zum Vorwurf machen. Leb wohl, Pallas! Du aber, grausiger Turnus, höre! Wenn du die Trojaner aus Italien vertreiben willst, wirst du mit mir kämpfen müssen. Es ist nämlich Kennzeichen eines Anführers, sich tapfer zu zeigen." Viele Tage lang hatte ein trauriger Zug den Körper des Pallas zur Stadt Euanders getragen. König Euander, der auf einem hohen Turm stand, sah schon von weitem den schwarzen (Trauer)zug. Er stieg in schnellem Schritt hinunter, lief dem Zug entgegen und erblickte den toten Sohn. Indem er eine gewaltige Flut von

Tränen vergoß, sagte er: „Niemals habe ich ein solch trauriges Schicksal für dich und mich erwartet, Pallas! Du warst mir immer die größte Sorge und bedeutetest mir höchste Freude – und keiner der Götter hat meine Bitten erhört. Aber es ist Angelegenheit der Götter, für die Menschen zu sorgen. Nun werde ich als alter Mann gezwungen, den Tod des Sohnes zu sehen. Trojaner, meldet Folgendes eurem König: Äneas schuldet mir und meinem Sohn den Tod des Turnus." Mit diesen Worten schickte Euander die Troajner zu Äneas zurück. Während die Arkader den Pallas beweinten, waren auch die Latiner traurig, weil so viele Ehemänner, Söhne und Freunde getötet worden waren. Schon begann Turnus ihnen verhasst zu werden. Sie sagten, dass dieser Krieg allein dem Turnus von Nutzen sei.

44 Sobald sich alle setzten, hielt der König als erster seine Rede: „Wir führen keinen günstigen Krieg mit dem Volk der Trojaner, Bürger. Die Feinde können nicht besiegt werden, unser Staat aber liegt ganz und gar darnieder. Aus diesen Gründen dachte ich Folgendes: Ich habe altes Ackerland, das am Flusse Tuscus liegt und das sich bis zum Gebiet der Sizilianer erstreckt. Wenn wir dieses Gebiet den Trojanern geben würden, hätten wir Frieden und würden mit neuen Bundesgenossen das Königreich festigen. Wenn aber die Trojaner in einem anderen Gebiet leben wollten, wäre es das Beste, ihnen hervorragende Schiffe zu bauen. Beratet und sorgt für das gemeinsame Wohl!" Da sagte Drankes, dem Turnus immer verhasst war, Folgendes: „Bester König, richtig benennst du heute die Übel des Krieges, über die die meisten schweigen oder nur verborgen sprechen, weil sie den Zorn des Turnus fürchten." Und zu Turnus gewandt bemerkte er: „Höre endlich Wahres über dich, hochmütiger Turnus! Wegen dir sind so viele berühmte Männer gefallen, wegen dir liegt die ganze Stadt nun traurig darnieder. König Latinus, wenn du meinen Ratschlag hören willst: Ich würde dem Äneas nicht nur schöne Geschenke schicken, sondern auch die Lavinia zur Ehefrau geben. Auf diese Weise würdest du langanhaltenden Frieden zwischen den Völkern schaffen. Turnus, warum hörst du nicht auf, soviele arme Bürger in so große Gefahren zu reißen? Keine Rettung ist im Kriege, wir fordern Frieden von dir. Deshalb geh besiegt weg! Wir haben allzu bittere Gemetzel gesehen, die Äcker liegen verlassen darnieder. Wenn dir wirklich Lavinia so sehr am Herzen liegt, rufe Äneas in den Kampf! Wenn du irgendeine Tugend oder Ehre hättest, würdest du ihm nicht ausweichen." Turnus antwortete von Zorn entflammt: „Immer bist du vor allem durch deine Zunge stark, Drankes. Sag mir: Hat deine rechte Hand irgendwelche Trojaner getötet? Hast du irgendetwas Würdiges im Kriege ausgeführt? Komm und kämpfe mit mir gegen die Feinde! Schon erwarten sie uns. Was zögerst du? Wird dir die Tapferkeit immer nur in der Zunge und deinen schnellen Füßen stecken? Ich etwa bin besiegt worden? Niemand hat mich jemals besiegt gesehen. Ich habe Tausende von Feinden als Sieger in den Tartarus hinabgeschickt." Keine Rettung ist im Kriege. „Erzähle solche Dinge den Jungen und den Mädchen! Nun kehre ich zu dir und deinen großen Plänen zurück, König Latinus. Wenn wir keine Hoffnung in unsere Waffen setzten und das Schicksal uns nicht unterstützen würde, würde es sich gehören, einen schändlichen Frieden zu erbitten. Wenn wir aber Tapferkeit besitzen und bis jetzt eine Menge tapferer Jünglinge haben, warum lassen wir vor dem Kampf den Mut sinken? Behaltet im Gedächtnis, dass wir Camilla als Gefährtin haben, die das vortreffliche Volk der Volsker leitet. Und wenn die Trojaner mich allein in die Schlachten forderten, würde ich bereit zum Kampf gehen!" Plötzlich tritt ein Bote ein, der alle mit seinem Schrei erschreckt: „Die Trojaner sind vor den Stadtmauern!"

45 Trurnus sagte: „O ihr Bürger, die Trojaner geben sich nicht der Ruhe hin: Sie erstreben die Herrschaft mit Waffen. Wenn Äneas bei den Mauern Trojas so viele Reden gehalten hätte wie wir, wäre er den Griechen niemals entkommen. Taten zählen, nicht Worte!“ Dann eilte er in schnellem Schritt nach draußen. Draußen stellte er sofort Truppen zusammen. König Latinus machte sich große Vorwürfe: „Wenn ich das gewusst hätte, hätte ich früher Frieden mit Äneas geschlossen und ihm meine Tochter zur Frau gegeben.“ Turnus begegnete vor den Toren der Stadt Camilla, der Königin der Volsker, wie er es gewünscht hatte. Jene stieg sofort vom Pferd herab und sagte solche Worte: „Turnus, du hättest mich nicht gerufen, wenn du mich nicht wegen meiner Kraft und Tapferkeit hochschätzen würdest. Ich wäre nicht hierher gekommen, wenn ich mich nicht schon oft als tapfer gezeigt hätte. Daher lass mich die Gefahren des Krieges versuchen und die Trojaner angreifen! Du wirst inzwischen hier mit deinen Truppen abwarten.“ Während diese Dinge auf der Erde getan wurden, holte die Göttin Diana Opis, eine ihrer Gefährtinnen, herbei: „Sieh dir Camilla an! Kennst du die Geschichte über ihr Leben? Höre! Ihr Vater war einst von einem Gewaltherrscher aus der Heimat vertrieben worden. Der Tyrann befahl, dass der flüchtende Vater getötet wird. Vater Metabus trug auf der Flucht durch riesige Wälder Camilla, seine kleine Tochter, auf den Schultern. Sobald die Soldaten des Tyrannen ihn an einem Fluss sahen, warfen sie Wurfgeschosse auf ihn. Weil Metabus spürte, dass er mit der Tochter zusammen den Fluss nicht überqueren konnte, befestigte er mit Stricken das Mädchen an einem langen Wurfgeschoss und schleuderte diesen mit ungeheurer Kraft ans andere Ufer. Dann warf er sich selbst in die Wogen und gelangte wohlbehalten durch den Fluss. Ansonsten wären Vater und Tocher niemals den Soldaten entkommen. Niemand nahm den Vater und die Tochter auf. Von da an lebten sie im Wald mit Fellen angezogen ein einfaches Leben. Wenn der Vater Camilla nicht den Gebrauch von Waffen beigebracht hätte, hätten die wilden Tiere sie zugrundegerichtet. Wenn Camilla nicht von Turnus zum Krieg bewegt worden wäre, würde sie bis jetzt sicher in der Dunkelheit des Waldes ihr Leben führen. Dies allerdings wünsche ich: Wenn irgendeiner der Trojaner oder der Etrusker diese verletzen oder tötet wird, wird er von dir getötet werden.“ Diana schickte mit diesen Worten die Opis vom hohen Himmel nach Italien hinunter.

46 Es bestand die Gefahr in einer so großen Menge, dass der Freund den Freund tötete. Camilla befand sich mitten in den Gemetzeln und mahnte ihre Soldaten, dass sie mit höchster Tapferkeit kämpfen sollten. Der ihr einst von Diana gegebene goldene Bogen hing an ihrer Schulter. Mit diesem Bogen bewirkte die Königin, dass viele Feinde auf der Flucht getötet wurden. Wie viele Geschosse sie abschoss, so viele Trojaner fielen. Camilla antwortete einem Feind, der darum bat, dass er nicht getötet wurde: „Jetzt ist der Tag da, der euch die wahre Kraft der Volsker zeigt. Kein geringer Ruhm wird es für dich sein, von der Hand der Camilla gefallen zu sein.“ Mit diesen Worten stieß sie das Schwert in seine Brust. Sobald der Anführer der Etrusker erkannte, dass seine Truppen auswichen, befahl er mit lauter Stimme, dass sie in die Schlacht zurückkehren sollten: „Wer hat euch erlaubt, dass ihr mit dem Kampf aufhört? Lasst ihr zu, dass ihr von einer Frau besiegt werdet? Wo ist eure Ehre, wo eure Tapferkeit? Behaltet im Gedächtnis, dass ich euch beauftragt habe, dass ihr bis zum Tod kämpfen sollt.“ Dann schickte er sich selbst und sein Pferd in die Schlacht. Die Etrusker sind durch dieses Beispiel der Tapferkeit gestärkt worden. An einem anderen Ort gewährte ein trojanischer Soldat einen vortrefflichen Anblick. Mit einem goldenen Gewand angezogen saß

er auf einem schönen Pferd. Niemals vorher hatte Camilla solchen Reichtum bei einem Soldaten gesehen. Sofort verließ sie den sicheren Heereszug, weil sie fürchtete, dass ein anderer ihr früher diese Beute raubte. Dieser Fehler war der Grund für ihren Tod. Sobald nämlich einer der Etrusker bemerkte, dass Camilla den Heereszug verließ, warf er aus dem Hinterhalt ein Geschoss auf die Königin. Dieser flüchtete dennoch, obwohl er sah, wie die verletzte junge Frau vom Pferd fiel, weil er fürchtete, dass er durch die Geschosse Camillas getötet würde. Aber er versuchte vergeblich dem Schicksal zu entkommen. Opis nämlich, wie Göttin Diana es befohlen hatte, flog über das Feld und tötete den Etrusker mit einem Geschoss. Dann beweinte sie den traurigen Tod der Camilla.

47 Die Latiner waren in die Mauern der Stadt geflohen, um sich zu retten. Auch die durch den Tod der Camilla verwirrten Volsker waren geflüchtet, um nicht vor den Mauern getötet zu werden. Die Trojaner errichteten ein Lager, damit sie zu geeigneter Zeit die Stadt angriffen. Turnus spürte die große Angst der Bürger. Deshalb eilte er in den Palast des Königs und sagte: „Bester König, die Latiner wollen, dass ich mit Äneas um den Sieg kämpfe. Also werde ich kämpfen: Entweder werde ich mit dieser meiner rechten Hand den Trojaner töten oder er wird mich besiegen und die schöne Lavinia wegführen.“ Latinus antwortete mit folgenden Worten: „O vortrefflicher Jüngling. Ich will nicht, dass du mit Äneas um die Königsherrschaft und um Lavinia kämpfst. Berücksichtige die verschiedenen Fälle des Schicksals und schone deinen armen Vater! Der wünschte immer, dass der Sohn wohlbehalten in die Heimat zurückkehrte. Höre! Alle wissen, dass du ein junger Mann von gewaltiger Tapferkeit und Kühnheit bist. Du hast dich als so tapfer erwiesen, so dass du dir großen Kriegsruhm erwarbst. Außerdem hast du ein Königreich und großen Reichtum. Es gibt viele junge schöne und adlige Frauen, die dich als Ehemann ersehnen. Weißt du etwa nicht, dass ein Gott mir einst aufgetragen hat, dass ich nicht Lavinia einem Mann aus Italien zur Ehefrau geben solle? So haben wir, ich und Ehefrau Amata, dich geliebt, dass wir den Befehl des Gottes damals vernachlässigten. Nun aber ist es Zeit, dem Gott zu weichen und dem grausamen Krieg ein Ende zu machen.“ Da aber sagte der junge Mann, von Zorn entbrannt: „Leg die Sorge ab, die du für mich trägst, bester alter Mann! Ich werde den Äneas besiegen. Nicht immer wird Göttin Venus ihrem Sohn helfen und ihn vor den Gefahren des Krieges schützen.“ Königin Amata weinte und versuchte mit folgenden Worten den Turnus vom Kampf fernzuhalten: „Turnus, kämpfe nicht! Wenn du getötet werden wirst, werde ich mit dir das Leben verlassen.“ Als Lavinia diese Worte der Mutter hörte, vergoß sie Tränen. Turnus blickte traurig die junge Frau von traurigem Gemüt an. Er ist von so großer Liebe bewegt worden, dass er den Kampf mehr ersehnte als vorher. Also sprach er: „Halte mich nicht mit diesen Tränen, zurück, Mutter! Meldet dem trojanischen Tyrannen diese Worte: Die Schlachten zwischen den Trojanern und den Rutulern werden ruhen. Wir werden mit unserem Blut den Krieg entscheiden. Lavinia als Ehefrau wird der Lohn des Sieges sein.“ Dann schickte Turnus einen Boten zum Lager der Trojaner weg und forderte selbst ein Pferd.

48 Während König Latinus erschreckt durch den neuerlichen Krieg aus der Schlacht floh streckte Äneas seine rechte Hand aus und rief seine Soldaten: „Wohin eilt ihr ohn jegliche Vernunft? Haltet euren Zorn zurück! Friede war schon vereinbart worden, m allein stand das Recht zu, zu kämpfen. Lasst mich die Lebensgefahr auf mich nehme und mit Turnus um den Sieg kämpfen!“ Sieh da! Während dieser Äußerungen, wä rend solcher Worte flog ein schneller Pfeil durch die Lüfte und verwundete den Äneas. Sobald Turnus sah, dass die Trojaner verwirrt waren, wurde er von neuer Hoffnung entflammt. So groß war sein Selbstvertrauen, dass er ein Pferd forderte und allein mitten in die Scharen der Feinde hinein eilte. Ohne Furcht vor dem Tode bedrängt er die Feinde. Als er schon viele getötet hatte, schleuderte er wiederum ein Geschoss. Nachdem irgendein trojanischer Soldat verletzt vom Pferd gefallen war, setzte Turnus seinen Fuß auf die Brust des armen Besiegten. Bevor er den besiegten Feind tötete, sagte er hochmütig Folgendes: „Sieh die Äcker Italiens an, die du schon als deine erachtetest, Trojaner! Diese Belohnungen werden die erhalten, die die Tapferkeit des Turnus missachten werden. Wenn irgendeiner meine Rechte übergehen wird, wird er ebenso bestraft werden." Während Turnus als Sieger die Heerscharen erschreckte, führten Gefährte Achates und Sohn Julus den verwundeten Äneas in das Lager. Obwohl er von gewaltigem Schmerz gequält wurde, gab er dennoch kein Stöhnen von sich. Vergeblich versah der Arzt seine Pflicht. Das Geschoss blieb in der Wunde und konnte auf keine Weise herausbewegt werden. Die nahe stehenden Gefährten hatten schon die Hoffnung auf Rettung aufgegeben, als Göttin Venus von hohem Himmel aus den traurigen Unglücksfall des Sohnes erblickte. Tatsächlich zog wenig später der Arzt mit Hilfe der Göttin das Geschoss aus der Wunde. Sobald dies gemacht war, kehrten die Körperkräfte zurück und Äneas ist wiederhergestellt worden. Der Arzt sagte: „Nicht meine Hand hat diese Gesundheit gegeben, dies war nicht die Hilfe eines Menschen, sondern eine Göttin hat diese wunderbare Angelegenheit bewirkt." Äneas selbst ist sofort von der Liebe zum Kampf entflammt worden und ergriff seine Waffen. Nachdem er die Waffen angelegt hatte, berührte er Sohn Julus und sagte: „Junge, erlerne von mir Tapferkeit, Glück aber von anderen. Nun wird meine rechte Hand dich verteidigen und zu großen Belohnungen führen." Sobald er das gesagt hat, eilte er in schnellem Lauf aus dem Tor des Lagers.

49 a) Äneas und Turnus kämpften mit unglaublicher Wucht; ein jeder griff seine Feinde an. Beide brannten von so viel Hass, dass sie in der Schlacht jeglichen Mitgefühls entbehrten. Während Äneas mit den Augen den Turnus suchte, kam die Stadt des Königs Latinus in sein Blickfeld. Sofort rief er seine Soldaten zusammen, streckte die rechte Hand zu den Mauern hin und machte mit lauter Stimme dem König Latinus die verletzte Treue zum Vorwurf: „Gehört es sich etwa, dass besiegte Männer wieder den Krieg beginnen? Heute werden wir die Stadt des Latinus, den Grund des Krieges, auslöschen. Holt Feuer herbei, Gefährten, und zwingt diese mit Flammen, die Treue zu bewahren!" Die Einwohner der Stadt sind von gewaltiger Furcht verwirrt worden. Die einen befehlen, den Trojanern die Tore zu öffnen. Die anderen ergreifen Waffen und fahren fort, die Mauern vor den Feinden zu verteidigen. Sobald Königin Amata von einem hohen Turm aus sah, dass die Mauern bestiegen wurden, dass Fackeln auf die Dächer flogen, dass die Feinde von den Mauern nicht abgehalten wurden, glaubte sie, dass der junge Mann Turnus im Kampf getötet worden sei. Deshalb tötete sie sich selbst. Als die Latiner das gehört hatten, ließen sie den Mut sinken und liefen weinend durch die Straßen der Stadt. Zwischen ihnen ging König Latinus, gebrochen vom traurigen Schicksalsfall.

Wenig später gelangte ein Bote mitten durch die Gemetzel bis zu Turnus und sagte: „Turnus, auf dir ruht die letzte Hoffnung. Alle Latiner erwarten dich. Wir brauchen deine Hilfe. Äneas greift gerade mit den besten Soldaten die Stadt an. Außerdem ist die Königin selbst von eigener Hand gestorben. Räche die Grausamkeit der Trojaner und bewahre unsere Freiheit! Kehre zur Stadt zurück!" Turnus schwieg zuerst, dann bestieg er sein Pferd und preschte durch die Geschosse hin in schnellem Galopp zur Stadt. Vor den Mauern gab er mit der Hand ein Zeichen und begann mit wilder Stimme so zu rufen: „Hört mit dem Kampf auf, Rutuler, und ihr, Latiner, spart die Geschosse! Es gehört sich, dass ich für euch den Krieg führe. Ich werde mit Äneas kämpfen und sein Leben und seine Waffen rauben." Plötzlich traten alle auseinander und machten Platz. Sobald Äneas gehört hatte, dass Turnus da war, eilte er mit großer Fröhlichkeit zum Feind. Alle Rutuler und Trojaner legten die Waffen von den Schultern ab und wandten ihre Augen zu diesen hin. Und so wie zwei Stiere ein jeder für sich mit der Stirn die Stirn des anderen angreift, nicht anders beginnen Äneas und Turnus den Kampf.

49 b) Äneas und Turnus kämpften lange mit gleichen Kräften. Sieh da! Plötzlich ist das Schwert des Turnus mitten in einem Angriff zerbrochen worden. Sofort versuchte er zu fliehen, aber er ist in der einen Richtung von dem Heer der Trojaner, in der anderen Richtung von den Mauern der Stadt eingeschlossen worden. Obwohl jener seine Rutuler mit Namen rief, forderte er vergeblich ein neues Schwert. Als der König des Olymp dies von hohem Hmmel aus sah, sagte er zu Juno: „Du konntest Troja auslöschen, die Trojaner zu Lande und zu Wasser umhertreiben und einen gewaltigen Krieg entfachen. Jedoch weißt du, dass der Sieg dem Äneas geschuldet wird. Lass also von deinem Hass auf die Trojaner ab!" So antwortete die Göttin Juno: „Jupiter, ich werde schon weichen und die Kämpfe verlassen. Aber höre meine Bedingung: Wenn die Latiner mit den Trojanern Frieden geschlosen haben, lass nicht zu, dass die Latiner Trojaner genannt werden und ihre Sprache und Kleidung verändern!" Da lachte der Vater der Götter und Menschen mit freundlicher Miene: „Lass deine Sorgen! Ich werde gerne gewähren, was du willst: Obwohl sie mit den Trojanern zu einem einzigen Volk zusammenkommen werden, werden die Latiner die alte Sprache und die Sitten der Vorfahren behalten. Sie werden denselben Namen haben, den sie jetzt haben. Dieses Volk wird dich mit höchster Frömmigkeit hoch einschätzen." Juno ging über diese Worte zufrieden weg. Äneas unterdessen rief mit lauter Stimme: „Was zögerst du, Turnus? Jetzt ist es nötig, mit grausen Wafen zu kämpfen." Der junge Mann antwortete: „Deine Worte schrecken mich nicht; die Götter schrecken mich und Jupiter als Feind." Sofort hob er einen gewaltigen Stein auf, schleuderte ihn aber vergeblich gegen den Feind. Nun warf Äneas mit der gesamten Kraft seines Körpers ein Geschoss und verletzte den Turnus. Die Rutuler sahen mit lautem Stöhnen die Wunde ihres Anführers. Turnus streckte bittend seine rechte Hand aus und sagte: „Wenn dich irgendein Mitgefühl rühren kann, gib bitte meinem Vater mich oder meinen toten Körper zurück. Du hast gesiegt und die Rutuler haben mich besiegt gesehen. Dein ist die Ehefrau Lavinia. Vollziehe die Todesstrafe nicht an mir!" Äneas stand entschlossen in seinen Waffen da, rollte die Augen hin und her und hielt sein Schwert zurück. Schon hatte die Rede begonnen, den harten Sinn des Äneas zu verändern, als er plötzlich den Waffengürtel des Jünglings Pallas, den Turnus getötet hatte, erblickte. Da schrie Äneas von ungeheurem Zorn entflammt: „Du etwa, der du dem Pallas das Leben und den Waffengürtel geraubt hast, erbittest Gnade? Jetzt tötet Pallas dich mit dieser Wunde und vollzieht die Todesstrafe an einem Verbrecher." Indem er dies sprach, versenkte er das Schwert in die Brust des Turnus.